Série
STMG
TERMINALE

BAC Technologique

W0309286

GESTION ET FINANCE

ENSEIGNEMENT DE SPÉCIALITÉ

ENSEIGNEMENT SPÉCIFIQUE

Raphaël HAMON ♦ Mathieu LESEIN
Avec la collaboration de Jean-Yves BOULLÉ

FontainePicard

GESTION ET FINANCE

Le chapitre

LE THÈME

Les notions et capacités abordées dans le chapitre

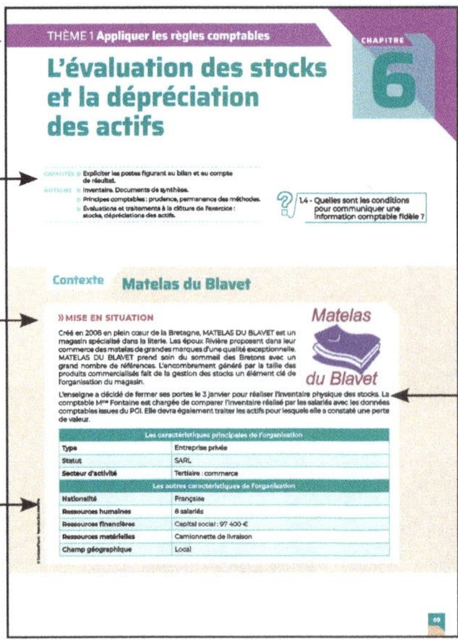

La question de gestion

La mise en situation

Le cas s'appuie sur des situations de PME-PMI afin de se conformer au programme

Les caractéristiques de l'organisation

Découvrir

Le développement de la situation

Des documents

La place pour répondre

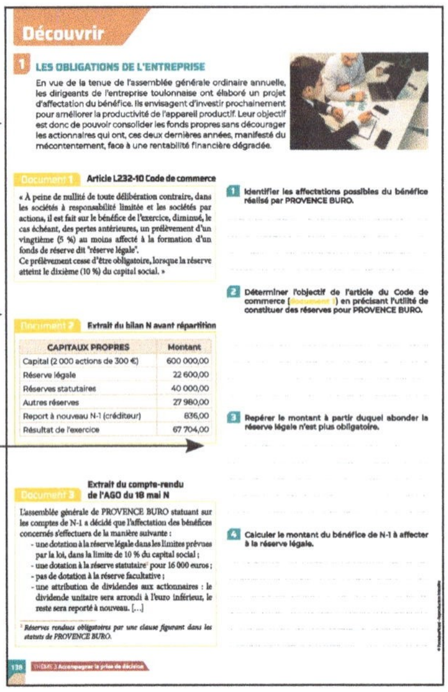

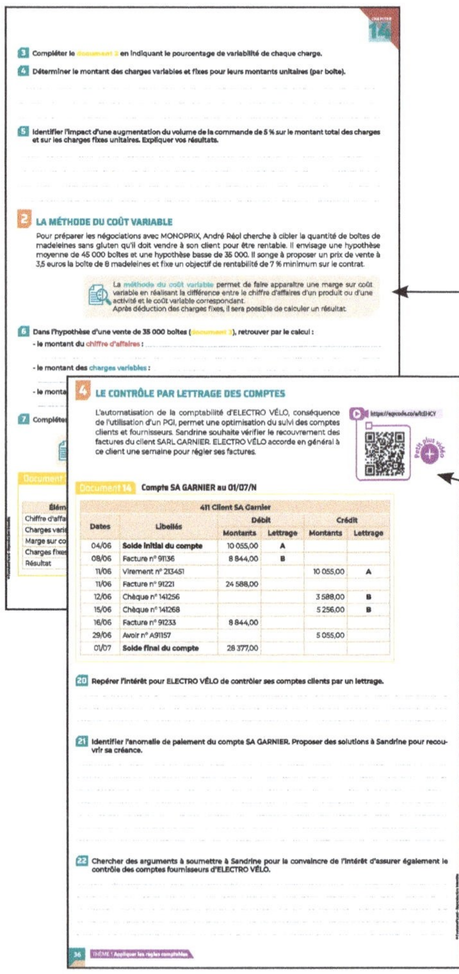

Des apports notionnels

Pour remplacer un document ou approfondir des notions, une vidéo est parfois proposée par QR Code

À retenir

Un schéma de synthèse pour faciliter la compréhension et la mémorisation des notions

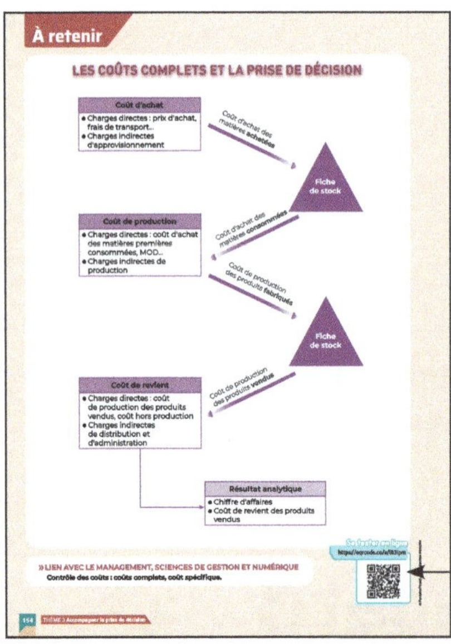

Des quiz Genially pour évaluer les connaissances et tester les acquis

Terminale STMG

Des activités

Les activités sont compatibles avec l'usage d'un tableur

Tableur

Ordinateur

APPLIQUER

En fin de chapitre, la partie **Appliquer** permet à l'élève de se mettre en activité, un QR Code permet parfois de réaliser l'activité en ligne

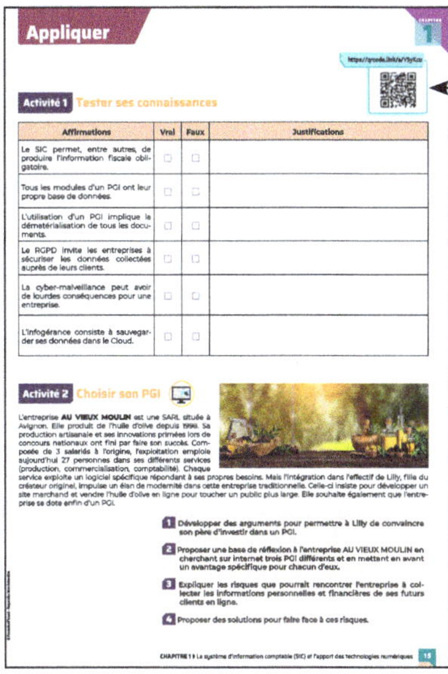

Le QR Code permet ici de faire l'application en ligne

FICHE VERS LE GRAND ORAL

Fiche de préparation pour l'épreuve du Grand oral

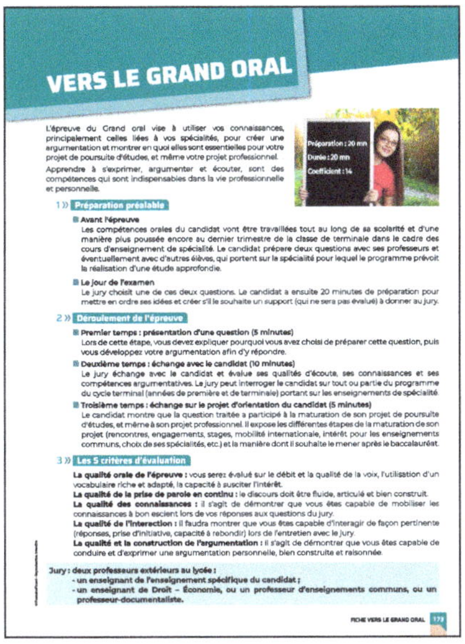

FICHES MÉTHODE

Des fiches méthode pour optimiser l'utilisation de l'ouvrage

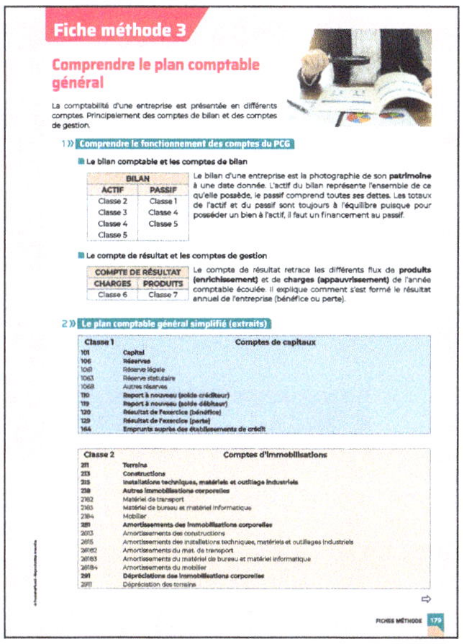

SERIOUS GAME

À partir d'un espace virtuel, les élèves accèdent à un Serious Game pédagogique

Sommaire

THÈME 1 Appliquer les règles comptables

THÈME 2 Analyser la situation de l'entreprise

THÈME 3 Accompagner la prise de décision

CHAPITRE 1

Le système d'information comptable (SIC) et l'apport des technologies numériques

CAPACITÉS
- Représenter les principaux processus du système d'information comptable.
- Repérer les services produits par le système d'information en réponse à une variété de besoin d'informations.
- Prendre conscience des enjeux de la sécurité du système d'information.

NOTIONS
- Rôle du système d'information comptable (SIC).
- Progiciel de gestion intégré (PGI) : outil support des processus de gestion et des traitements comptables.
- Dématérialisation des documents comptables.
- Sécurité des traitements et techniques de sauvegarde.

1.1 - Qu'est-ce qu'un système d'information comptable et que lui apportent les technologies numériques ?

Contexte Sultaï Conseil

» MISE EN SITUATION

Créée en 2018 par Inès Esika, la SASU SULTAÏ CONSEIL est spécialisée dans le secteur de la programmation informatique et plus spécifiquement du webmarketing. Son activité consiste à élaborer, adapter et mettre en place une stratégie de communication internet qui répond aux besoins de ses clients du Sud-Est de la France. Après deux premières années encourageantes, l'activité accélère encore, portée par le besoin de visibilité des entreprises sur internet et les réseaux sociaux amplifié par la crise de la Covid-19. Pour accompagner son développement, la société recrute de nouveaux cadres commerciaux en webmarketing afin de renforcer son effectif, ainsi que Milo, tout juste diplômé d'un BTS Comptabilité et gestion qui sera chargé d'aider le responsable administratif et financier de l'entreprise dans ses activités.

Les caractéristiques principales de l'organisation	
Type	Entreprise privée
Statut	SASU
Secteur d'activité	Quaternaire
Taille	PME : 16 salariés Chiffre d'affaires de 1,2 million d'euros
Les autres caractéristiques de l'organisation	
Nationalité	Française
Ressources financières	Capital social de 100 000 €
Ressources matérielles	Matériel informatique, mobilier et locaux implantés à Aix-en-Provence (Bouches-du-Rhône)
Champ géographique	Local (régional)

Découvrir

1 LE RÔLE DU SIC DANS L'ENTREPRISE

Christophe Valki, responsable administratif et financier de la société SULTAÏ CONSEIL, prend en charge Milo à l'occasion de sa première journée dans l'entreprise. L'objectif de Christophe est de faciliter l'intégration de son nouvel assistant en l'aidant à découvrir l'environnement numérique de travail.

Document 1 **Entretien entre Christophe Valki et Milo**

Christophe : Tout d'abord, j'aimerais vous familiariser avec notre environnement numérique et nos procédures. Ces éléments permettent à notre système d'information comptable d'organiser, de gérer et de contrôler notre production d'informations comptables, fiscales, financières et sociales.

Milo : Mon enseignant nous avait expliqué que beaucoup d'informations comptables circulaient dans l'organisation.

Christophe : Oui, tout à fait. Ces informations sont collectées, traitées et enregistrées dans le SIC. L'objectif est de les diffuser en externe pour répondre à des obligations envers nos partenaires ou en interne pour faciliter le pilotage de notre entreprise et améliorer la prise de décision.

Milo : Vous me disiez que j'allais principalement intervenir sur la collecte d'information comptable ?

Christophe : Vous vous occuperez bien sûr d'information comptable, dont nous avons besoin pour établir les documents de synthèse annuels. Vous serez également en charge de l'impôt sur les sociétés et de la TVA, du suivi de nos crédits bancaires et vous aurez accès aux rémunérations des salariés de l'entreprise pour effectuer périodiquement des contrôles.

1 **Retrouver pour chaque type d'information auquel Milo aura accès (comptable, fiscal, financier, social) un exemple permettant de l'illustrer.**

Informations	Exemples
Comptable	
Fiscale	
Financière	
Sociale	

2 **Citer les acteurs externes intéressés par la production d'information comptable de SULTAÏ CONSEIL. Justifier.**

Christophe Valki explique à Milo le rôle qu'il doit jouer dans le processus de vente de l'entreprise. Avant de travailler avec un client, un commercial doit systématiquement consulter le service comptabilité. Milo doit alors interroger le SIC et donner un avis sur la solvabilité de ce client. Si l'avis est favorable, le commercial peut proposer un devis à ce dernier. Une fois la prestation effectuée par l'entreprise, Milo doit s'assurer d'éditer la facture au client en tenant compte du devis initial et contrôler le suivi du règlement.

Un **processus de gestion** correspond à une succession précise d'opérations qui, en mobilisant différentes ressources et informations, aboutit à un résultat nécessaire au fonctionnement de l'entreprise.

Document 2 **Courriel de Noémie, commerciale chez SULTAÏ CONSEIL**

Salut Milo,

Bienvenue chez SULTAÏ CONSEIL !

J'ai vu HD MOTORCYCLES à Saint-Tropez qui serait intéressé pour qu'on leur produise un jeu concours sur Instagram et Facebook au début de l'année prochaine.

J'imagine que Christophe t'a expliqué la procédure alors tu me tiens au courant dès que tu peux.

Merci d'avance.

Noémie.

Document 3 **Extrait du compte client HDMT (HD MOTORCYCLES TROPÉZIEN), issu de la comptabilité de SULTAÏ CONSEIL**

411012 - HD MOTORCYCLES TROPÉZIEN			
		Débit	**Crédit**
02/06/2021	Facture n° 30133	5 300,00 €	
02/07/2021	Règlement par chèque LCL		1 300,00 €
02/08/2021	Règlement par chèque LCL		2 000,00 €
13/12/2021	**Solde restant dû**	**2 000,00 €**	

3 **Indiquer la signification du solde de 2 000,00 € qui apparaît dans ce compte client (document 3).**

4 **À partir des documents 2 et 3, déduire la réponse de Milo à l'e-mail de Noémie.**

Christophe Valki présente plusieurs documents à Milo. Il souhaite l'éclairer sur les différentes informations qu'il devra traiter et sur son rôle en tant qu'acteur du SIC.

5 **Relier les informations ci-dessous avec l'exploitation qui en sera faite dans la SASU SULTAÏ CONSEIL.**

Processus de déclaration de TVA

Processus d'achat de matériel
M. Valki s'apprête à faire un chèque pour régler une facture de matériel informatique.

Processus de financement
Courrier LCL : « La somme de 15 000 euros vous sera créditée le 15 décembre aux conditions du crédit n° 15268459, ci-joint annexé.... »

Processus de recrutement
DPAE : Déclaration préalable à l'embauche de Milo envoyée à l'URSSAF (Sécurité Sociale).

- Diffuser une information auprès des organismes de sécurité sociale pour être en règle avec la loi et pour ouvrir des droits aux salariés auprès de ces organismes.
- Diffuser une information à l'administration fiscale pour être en règle avec la loi et lui permettre le calcul de l'impôt dû.
- Mémoriser le règlement de la dette qui servira de preuve en cas de litige.
- Mémoriser le montant emprunté qui sera versé sur le compte en banque de SULTAÏ CONSEIL. Traiter chaque mois le règlement correspondant aux mensualités de remboursement.

2 LE PGI ET LA DÉMATÉRIALISATION

M. Valki souhaite désormais familiariser Milo avec le PGI retenu par SULTAÏ CONSEIL.

Document 4 **Pourquoi utiliser un PGI ?**

Le premier intérêt d'un PGI réside dans la centralisation des données. Qu'il s'agisse des fichiers clients, fournisseurs, des stocks, de la production : tout est regroupé dans un même logiciel puissant qui traite les données de manière homogène. De telle sorte que l'entreprise ne risque ni les doublons, ni les erreurs ou les approximations. […]
En outre, les PGI participent activement à la transformation digitale des entreprises. Ainsi, plutôt que de choisir des solutions différentes pour chaque segment de son organisation, ils fournissent une solution globale et normalisée la rendant entièrement numérique et interconnectée. Quelle que soit la taille de l'entreprise, le progiciel lui permet ainsi de gagner du temps et d'augmenter sa productivité.

https://www.sylob.com/presentation-logiciel-erp/pgi

https://eqrcode.co/a/jsk4kc

Petit plus vidéo

6 Relever les avantages d'un PGI à partir du document 4 ou de la vidéo.

Document 5 **Les différents modules d'un PGI (ERP en anglais)**

https://www.choisirmonerp.com/erp/definition-d-un-erp

7 À partir de la vidéo ou du document 5, identifier les modules (ou applications) du PGI de SULTAÏ CONSEIL sur lesquel(le)s Milo sera amené à travailler.

M. Valki informe Milo que SULTAÏ CONSEIL communique avec ses nombreux partenaires de façon dématérialisée. L'entreprise réalise ses déclarations sociales et fiscales aux administrations via des télédéclarations. Elle envoie les factures à ses clients par e-mail et gère les stocks et l'ensemble de sa comptabilité sur le PGI. Toutefois, elle reçoit ses factures de la plupart de ses fournisseurs par courrier, ce qui demandera à Milo un travail de saisie.

La **dématérialisation** correspond à la numérisation de documents papier. Elle permet à l'entreprise de réduire ses coûts (papier, encre, affranchissements, stockage) et de gagner du temps (recherche, partage, et diffusion d'information). La réduction de l'utilisation du papier lui permet par ailleurs d'agir pour la planète en limitant la déforestation.

8 **Relever les avantages de la dématérialisation pour SULTAÏ CONSEIL.**

9 **Classer les informations suivantes selon leur format.**

Information	Dématérialisée	Papier
Facture client		
Déclaration de TVA		
Facture d'un fournisseur		
Bilan comptable		
Fiche de stock		

10 **Préciser les inconvénients pour Milo et SULTAÏ CONSEIL de travailler avec des fournisseurs qui n'ont pas dématérialisé leurs factures clients.**

3 LA SÉCURITÉ DU SYSTÈME D'INFORMATION

Christophe Valki communique un identifiant et un mot de passe à Milo afin de lui permettre d'accéder à **Altior**, le PGI de l'entreprise. Son profil d'habilitation lui permettra principalement d'intervenir dans le module Comptabilité et de consulter le module Ventes pour accéder aux coordonnées des clients. Il le met en garde sur la confidentialité des informations détenues dans leur base de données car ce sujet est sensible dans l'entreprise. Cette dernière a récemment été victime d'une cyber-attaque à des fins d'infiltration de son fichier clients. Conscient des enjeux de sécurité et de transparence imposés par le RGPD, Christophe Valki est d'ailleurs en recherche de solutions efficaces pour protéger les données de SULTAÏ CONSEIL.

Document 6 Gérer les habilitations dans un PGI

Limiter les accès aux seules données dont un utilisateur a besoin.

Des niveaux d'habilitation différenciés doivent être mis en place en fonction des besoins.

Les précautions élémentaires

Définir des profils d'habilitation dans les systèmes en séparant les tâches et les domaines de responsabilité, afin de limiter l'accès des utilisateurs aux seules données strictement nécessaires à l'accomplissement de leurs missions. [...]

Ce qu'il ne faut pas faire

Créer ou utiliser des comptes partagés par plusieurs personnes.
Donner des droits d'administrateurs à des utilisateurs n'en ayant pas besoin.
Accorder à un utilisateur plus de privilèges que nécessaire. [...]

www.cnil.fr/en/node/23836

11 **Expliquer le concept souligné dans le document 6.**

12 **Justifier l'intérêt de la gestion des droits d'accès pour l'utilisation d'un PGI.**

Document 7 Le Règlement Général sur la Protection des Données (RGPD)

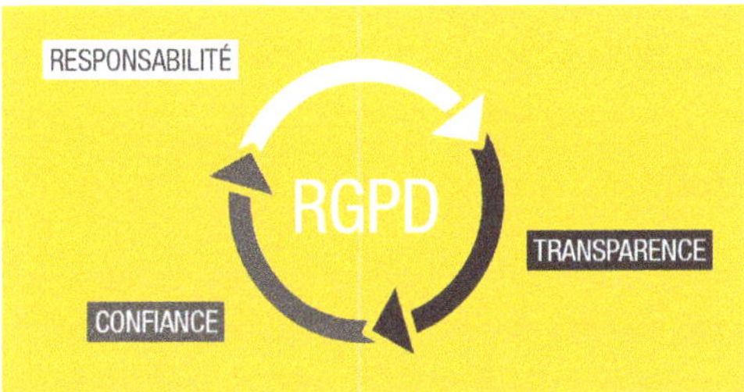

www.cnil.fr/fr/rgpd-de-quoi-parle-t-on

Ce nouveau règlement [...] renforce le contrôle par les citoyens de l'utilisation qui peut être faite des données les concernant. [...]

Quels sont les 6 avantages pour votre PME ?

1. Renforcer la confiance
Toute personne qui vous confie ses données personnelles [doit se voir conférer] des droits : droits d'accès, de rectification, d'effacement, d'opposition, etc. [...]

2. Améliorer votre efficacité commerciale
[...] le RGPD réaffirme le principe d'exactitude et de mise à jour des données enregistrées dans un fichier [...].

3. Mieux gérer votre entreprise
[...] Le principe de « minimisation » des données (« Je ne collecte que les données dont j'ai vraiment besoin ») [...] vous [permet] de faire le point sur les données que vous collectez et d'identifier vos besoins réels. [...]

4. Améliorer la sécurité des données de votre entreprise
L'actualité témoigne d'un nombre de plus en plus important de failles de sécurité et d'attaques informatiques. [...] Protéger son patrimoine informationnel et protéger les personnes concernées des atteintes à leurs données, c'est donner à son entreprise des moyens de se développer sereinement.

5. Rassurer vos clients et donneurs d'ordre et ainsi développer votre activité
Dans tous les secteurs d'activité, les donneurs d'ordre seront très attentifs à la mise en œuvre du RGPD par leurs prestataires. Il s'agit donc d'un sujet crucial pour les sous-traitants qui traitent des données personnelles pour le compte d'entreprises, à la fois pour maintenir leurs relations commerciales existantes mais également pour éventuellement en conquérir de nouvelles. Si vous respectez le RGPD, vous aurez un avantage concurrentiel !

6. Créer de nouveaux services
Le RGPD introduit aussi de nouveaux concepts pouvant se traduire en nouveaux services (exemple : la portabilité des données). [...] (exemple : sur les plateformes en ligne pour la musique, les vidéos, l'utilisateur pourrait à terme faire exporter ses choix, ses listes de préférences, etc.). [...]

www.cnil.fr/sites/default/files/atoms/files/bpi-cnil-rgpd_guide-tpe-pme.pdf

13 **Justifier l'intérêt de permettre aux citoyens de contrôler l'utilisation qui est faite des données numériques collectées les concernant.**

14 **Relever dans le document 7 deux arguments de la CNIL qui pourraient avoir particulièrement sensibilisé Christophe Valki quant aux avantages à attendre de la mise en œuvre du RGPD. Justifier.**

Document 8 Les enjeux de la sauvegarde de données en entreprise

[…] les risques de perte de données sont nombreux : défaillances matérielles (crash de disque dur notamment), incendie, dégâts des eaux, vol du matériel informatique, rançongiciels etc. Il est donc primordial de mettre en place une stratégie de sauvegarde efficace pour éviter à tout prix de perdre ses données opérationnelles, vitales pour l'entreprise.

En cas de sinistre […], il est important de pouvoir restaurer les données de l'entreprise au plus vite afin de pouvoir redémarrer son activité. …/…

…/… Voici quelques solutions de sauvegarde […]

La sauvegarde sur disque dur externe ou sur un serveur de stockage en réseau ([…] avec deux disques durs en miroir pour prévenir la panne d'un des deux disques durs) […].

Une autre alternative est une sauvegarde dans le Cloud, c'est-à-dire dans un espace de stockage sur un serveur accessible via internet.

[…] vous pouvez bien sûr faire appel à une société spécialisée dans la sauvegarde de données. C'est ce que l'on appelle en informatique de l'infogérance. Elle sera capable de vous conseiller au mieux sur la procédure à mettre en place pour conserver efficacement vos données.

www.astuces-aide-informatique.info/175/sauvegarder-ses-donnees

15 **Identifier les enjeux de la sauvegarde des données.**

16 **Relever dans le document 8 les différentes solutions de sauvegarde.**

Document 9 Comment protéger les entreprises contre la recrudescence des cyberattaques ?

Les cyberattaques peuvent prendre plusieurs formes : les ransomwares, des logiciels malveillants qui prennent en otage les données de l'entreprise jusqu'au versement d'une rançon ; les attaques DDOS (ou attaque par déni de service) qui ont pour but de rendre indisponible un service et d'empêcher ses utilisateurs légitimes de l'utiliser ; les keyloggers, quelques lignes de code qui permettent d'enregistrer les frappes de touches du clavier et de les enregistrer, à l'insu de l'utilisateur, pour récupérer, par exemple, ses mots de passe...

Contre la cyber malveillance, la prévention est toujours une obligation [...]. En effet, [...] ses conséquences peuvent être majeures. Si les entreprises peuvent être confrontées à une perte plus ou moins longue de leur activité ou au versement d'une rançon, elles peuvent aussi voir leur propriété intellectuelle piratée, être victimes d'intelligence économique, perdre des marchés importants, ou encore voir leur réputation entachée durablement. [...]

Pour aider à se prémunir contre le piratage, la prévention passe par une redéfinition des règles et des bonnes pratiques, et par la mise en place de "gestes barrières" de la cybersécurité.

Elles doivent [...] privilégi[er] des approches aujourd'hui reconnues comme le Zero Trust Network Access (ZTNA) donnant accès aux seules ressources utiles pour le collaborateur. C'est également le cas pour les modes et politiques d'authentification, certaines de ces politiques sont si contraignantes que les collaborateurs doivent noter leurs mots de passe pour s'en souvenir.

www.journaldunet.com/solutions/dsi/1496419-teletravail-comment-proteger-les-entreprises-contre-la-recrudescence-des-cyberattaques/

17 **Préciser ce qu'est un rançongiciel.**

18 **Relever d'autres formes de cyberattaques auxquelles SULTAÏ CONSEIL doit pouvoir faire face.**

19 **Identifier les conséquences possibles de telles attaques.**

20 **Conseiller M. Christophe Valki sur des solutions pour se prémunir de nouvelles cyberattaques.**

21 **Trouver sur le site internet de l'ANSSI des solutions d'accompagnement pour une entreprise dans son management du risque numérique.**

À retenir

LE SIC ET LES NOUVELLES TECHNOLOGIES NUMÉRIQUES

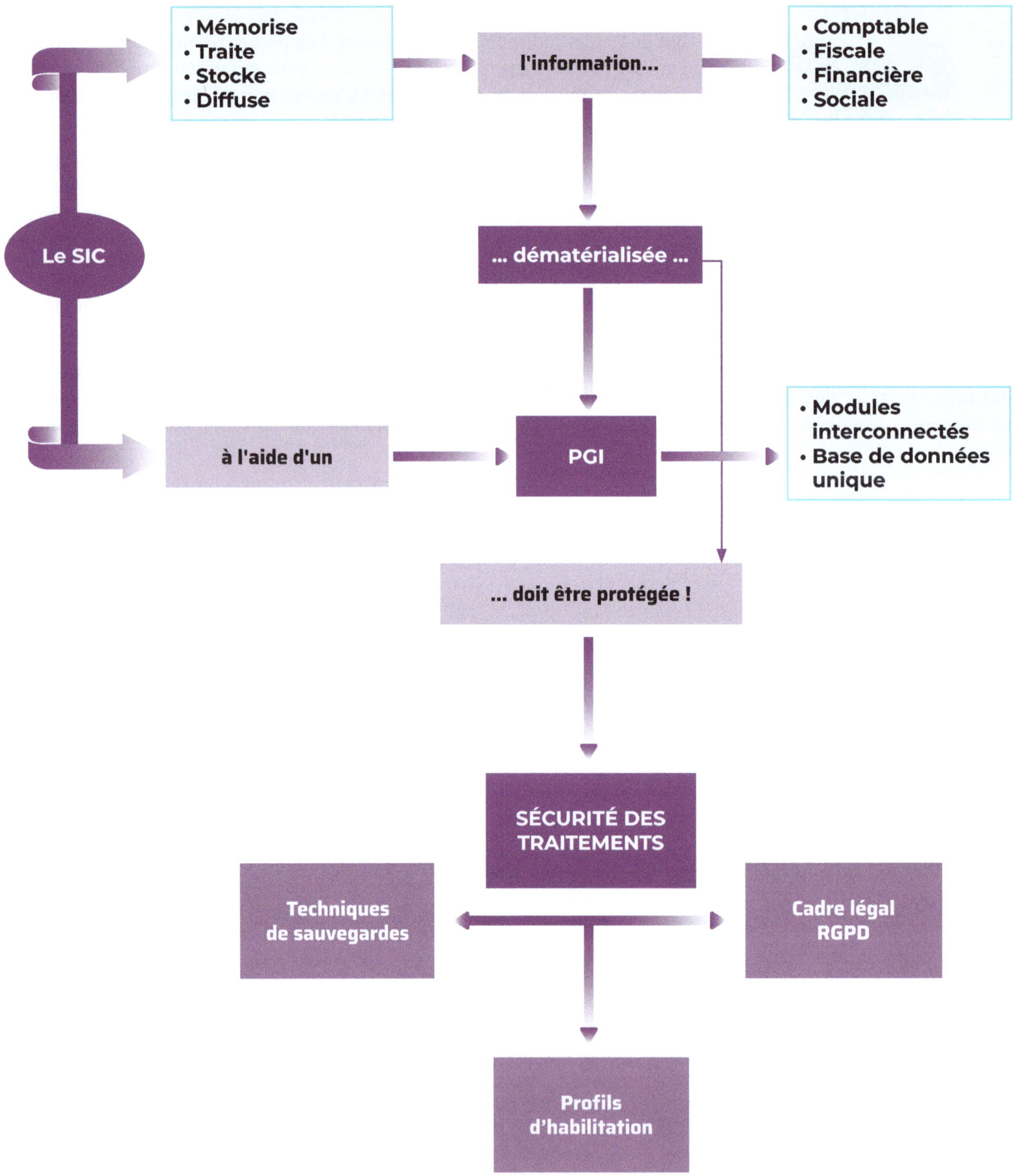

Se tester en ligne
https://eqrcode.co/a/JHqzUm

» LIEN AVEC LE MANAGEMENT, SCIENCES DE GESTION ET NUMÉRIQUE
Transformations digitales : dématérialisation, automatisation des processus
Utilisation et protection des données personnelles et stratégiques

Appliquer

https://qrcode.link/a/YSyKcu

Activité 1 Tester ses connaissances

Affirmations	Vrai	Faux	Justifications
Le SIC permet, entre autres, de produire l'information fiscale obligatoire.	☐	☐	
Tous les modules d'un PGI ont leur propre base de données.	☐	☐	
L'utilisation d'un PGI implique la dématérialisation de tous les documents.	☐	☐	
Le RGPD invite les entreprises à sécuriser les données collectées auprès de leurs clients.	☐	☐	
La cyber-malveillance peut avoir de lourdes conséquences pour une entreprise.	☐	☐	
L'infogérance consiste à sauvegarder ses données dans le Cloud.	☐	☐	

Activité 2 Choisir son PGI

L'entreprise **AU VIEUX MOULIN** est une SARL située à Avignon. Elle produit de l'huile d'olive depuis 1998. Sa production artisanale et ses innovations primées lors de concours nationaux ont fini par faire son succès. Composée de 3 salariés à l'origine, l'exploitation emploie aujourd'hui 27 personnes dans ses différents services (production, commercialisation, comptabilité). Chaque service exploite un logiciel spécifique répondant à ses propres besoins. Mais l'intégration dans l'effectif de Lilly, fille du créateur originel, impulse un élan de modernité dans cette entreprise traditionnelle. Celle-ci insiste pour développer un site marchand et vendre l'huile d'olive en ligne pour toucher un public plus large. Elle souhaite également que l'entreprise se dote enfin d'un PGI.

1 **Développer des arguments pour permettre à Lilly de convaincre son père d'investir dans un PGI.**

2 **Proposer une base de réflexion à l'entreprise AU VIEUX MOULIN en cherchant sur internet trois PGI différents et en mettant en avant un avantage spécifique pour chacun d'eux.**

3 **Expliquer les risques que pourrait rencontrer l'entreprise à collecter les informations personnelles et financières de ses futurs clients en ligne.**

4 **Proposer des solutions pour faire face à ces risques.**

Activité 3 Après le piratage de COLONIAL PIPELINE, vent de panique dans la cybercriminalité

Les pirates qui ont attaqué et paralysé **COLONIAL PIPELINE**, provoquant de légers remous dans la distribution de gaz et de carburants sur la Côte est des États-Unis au début du mois de mai, ont-ils eu les yeux plus gros que le ventre ? DarkSide, groupe de hackeurs ayant revendiqué à demi-mot l'attaque contre **COLONIAL PIPELINE**, puis qui a été formellement accusé par les autorités américaines et désigné comme travaillant de la Russie, avait réussi, depuis son apparition, à l'été 2020, à rester sous le radar médiatique. Certes, le FBI avait ouvert, dès le mois d'octobre, une enquête sur ces rançonneurs prolifiques, qui louent à d'autres pirates un logiciel malveillant, portant le nom du groupe, utilisé pour mener des attaques et faire chanter des entreprises.

Mais DarkSide comptait jusqu'ici des victimes de petite ou moyenne envergure, ce qui permettait aux développeurs du logiciel et à ses partenaires de ne pas trop attirer les projecteurs, tout en accumulant des dizaines de millions de dollars de rançons récoltés. Il a ainsi pu faire des dizaines de victimes dans le monde, en faisant bien attention à ne pas cibler les pays russophones ou anciens membres de l'Union soviétique — un des éléments qui ont poussé les autorités américaines à estimer que les pirates opéraient depuis la Russie.

Tout a changé avec l'attaque de **COLONIAL PIPELINE**. L'opération a certes été un succès financier pour les criminels : l'opérateur d'oléoducs frappé par la cyberattaque a reconnu avoir payé une rançon de plus de 4 millions de dollars afin que les hackeurs puissent débloquer les systèmes informatiques paralysés. Mais elle s'est avérée avoir un coût politique, le gouvernement américain ayant été contraint de réagir et de braquer les projecteurs sur cette opération criminelle.

www.lemonde.fr/pixels/article/2021/05/21/apres-le-piratage-de-colonial-pipeline-vent-de-panique-dans-la-cybercriminalite_6081068_4408996.html

1 **Identifier le type de cyber-attaque dont il est question dans le document et expliquer son mécanisme.**

2 **Rappeler les autres dommages potentiellement encourus par les entreprises du fait de la cyber-malveillance.**

Activité 4 Étudier la dématérialisation des factures en France

https://eqrcode.co/a/SSLhT3

Petit plus vidéo

1 **Relever le pourcentage d'entreprises françaises qui seraient, au moment de cette vidéo (novembre 2021), équipées de logiciels de dématérialisation de factures ?**

2 **Identifier, d'après Magali Michel, directrice de YOOZ, quels seraient les principaux avantages de la dématérialisation et de l'automatisation des factures ?**

3 **Préciser quel est l'avenir, à moyen terme, de la dématérialisation des factures ?**

CHAPITRE 2

L'articulation des documents comptables et la partie double

CAPACITÉS
- Repérer les documents commerciaux, financiers et comptables disponibles dans le système d'information.
- Expliciter les postes figurant au bilan et au compte de résultat.

NOTIONS
- Articulation des documents comptables : pièces justificatives, journaux, grand-livre, balances, documents de synthèse.
- Partie double, flux/stock, créance/dette, actif/passif, charge/produit.
- Plan de comptes.

1.1 - Qu'est-ce qu'un système d'information comptable et que lui apportent les technologies numériques ?

Contexte LE CHOCOLAT DES LYS

» MISE EN SITUATION

LE CHOCOLAT DES LYS est une entreprise de fabrication de cacao, de chocolat et de produits de confiserie. Elle a récemment téléchargé une grosse mise à jour de son progiciel de gestion intégré. Plusieurs contrôles doivent être réalisés par l'entreprise pour s'assurer de son bon fonctionnement et de la parfaite récupération des données antérieures.

Ces tâches sont confiées à Michel Vilar, qui assure à la fois la fonction de comptable dans cette entreprise et celle de responsable commercial auprès des clients professionnels, comme les collectivités locales ou les restaurants gardois.

Les caractéristiques principales de l'organisation	
Type	Entreprise privée
Statut juridique	SARL
Secteur d'activité	Secondaire
Taille	PME : 4 salariés Chiffre d'affaires de 852 650 €
Les autres caractéristiques de l'organisation	
Nationalité	Française
Ressources financières	Capital social de 50 000 €
Ressources matérielles	Usine de fabrication et siège social situés à Nîmes (Gard)
Champ géographique	Local

Découvrir

1 LE PLAN DE COMPTES

Michel Vilar finit de vérifier le paramétrage du plan de comptes de l'entreprise. La personnalisation de certains comptes liés aux achats et aux ventes a été conservée, ce qui permettra à l'entreprise de poursuivre ses analyses de coûts et de chiffre d'affaires par produit. Mais la mise à jour du PGI a effacé plusieurs adaptations liées aux comptes fournisseurs et clients. Michel Vilar a déjà recréé les personnalisations nécessaires sur la plupart de ces comptes mais doit encore s'occuper de trois comptes clients : l'entreprise ARÈNES, le restaurant étoilé POLLEN et le CONSEIL GÉNÉRAL GARDOIS (CGG). Il s'agit de ses trois principaux clients et il souhaite suivre l'évolution de leur chiffre d'affaires personnel, de même qu'il compte pouvoir repérer facilement d'éventuels retards de paiement qui lui indiqueront d'opérer les relances nécessaires.

Les **comptes** permettent à l'entreprise d'enregistrer ses différentes opérations économiques.
Le **plan comptable général (PCG)** formalise les règles de présentation des comptes que les entreprises sont obligées de respecter via une nomenclature détaillée. Chaque compte a un numéro et un intitulé. Les comptes sont organisés par **classes de comptes**, en fonction de la nature des opérations économiques qu'ils enregistrent.
Le **plan de comptes** est la liste des comptes qu'une entreprise a adapté à ses propres besoins d'informations, dans le respect du PCG.

Document 1 **Extrait du plan de comptes de l'entreprise LE CHOCOLAT DES LYS**

N° de compte	Intitulé
101000	Capital
164000	Emprunts auprès des établissements de crédit
213000	Constructions
215400	Matériel industriel
215500	Outillage industriel
218300	Matériel de bureau et informatique
281000	Amortissements des immobilisations corporelles
311000	Stocks de matières premières
326000	Stocks d'emballages
355000	Stocks de produits finis
401VIC	Fournisseur VICENTE
401FEV	Fournisseur FÈVES D'AILLEURS
411000	Clients
445620	TVA sur immobilisations
445660	TVA sur autres biens et services
445710	TVA collectée

N° de compte	Intitulé
512001	Banque LCL
512002	Banque Crédit Agricole
530000	Caisse
601001	Achats de fève de cacao
601002	Achats de sucre
601003	Achats de lait en poudre
602600	Achats stockés - Emballages
606400	Fournitures administratives
615000	Entretien et réparations
635000	Autres impôts, taxes et versements assimilés
641000	Rémunérations du personnel
645000	Charges de sécurité sociale et de prévoyance
661000	Charges d'intérêts
701001	Ventes de cacao
701002	Ventes de chocolats
701003	Ventes de confiseries

1 **Retrouver à l'aide du plan comptable (fiche méthode 3), les différentes classes de comptes utilisées par l'entreprise LE CHOCOLAT DES LYS.**

2 **Expliquer pourquoi l'entreprise LE CHOCOLAT DES LYS adapte le PCG en utilisant différents comptes de ventes de produits finis.**

3 **Repérer, à partir des comptes fournisseurs et des comptes ventes, comment Michel Vilar adapte le PCG à ses besoins d'informations particuliers.**

4 **Proposer une adaptation du PCG pour répondre au souhait de Michel Vilar concernant ses trois clients.**

5 **Justifier l'intérêt de la création des comptes 512001 et 512002 présents dans le plan de comptes de l'entreprise LE CHOCOLAT DES LYS.**

2 LES FLUX ET LA PARTIE DOUBLE

L'entreprise LE CHOCOLAT DES LYS enregistre quotidiennement toutes les opérations réalisées avec ses partenaires. Elle doit, aujourd'hui, constater l'achat de 500 kg de sucre pour 316,50 € auprès du fournisseur VICENTE qu'elle règlera dans 15 jours. Puis il faudra constater la vente de chocolats pour 730 € au Conseil Général du Gard qui en a réglé le montant par chèque en venant prendre livraison de sa commande.

Les échanges, réalisés par une entreprise avec ses partenaires, donnent naissance à des flux réciproques de différentes natures mais de même valeur. Ces **flux réciproques** doivent être enregistrés dans la comptabilité de l'entreprise selon le principe de la **partie double**.

Il existe : - des **flux réels**, lorsqu'un bien ou un service est transmis par, ou à un partenaire ;
- des **flux monétaires**, lorsqu'une somme d'argent est transmise (**flux monétaire immédiat**) ou promise (**flux monétaire différé**).

6 **Indiquer, dans le document 2, la nature et le montant de chaque flux.**

Document 2 **Analyse des flux de l'entreprise LE CHOCOLAT DES LYS avec ses partenaires**

LE CHOCOLAT DES LYS

FLUX : .... MONTANT : .... →

← FLUX : .... MONTANT : ....

Fournisseur VICENTE

LE CHOCOLAT DES LYS

FLUX : .... MONTANT : .... →

← FLUX : .... MONTANT : ....

Client CGG

Quinze jours plus tard, l'entreprise LE CHOCOLAT DES LYS annule sa dette de 316,50 € auprès du fournisseur VICENTE en le réglant par virement.

7 **Indiquer, dans le document 3, la nature et le montant de chacun des deux flux réciproques liés à l'annulation de la dette envers le fournisseur VICENTE.**

Document 3 **Analyse des flux lors du règlement d'une dette**

LE CHOCOLAT DES LYS

FLUX : .... MONTANT : .... →

← FLUX : .... MONTANT : ....

Fournisseur VICENTE

Le principe de la **partie double** précise que :
- les **flux sortants** (flux allant de l'organisation vers un partenaire), constituent des ressources pour l'organisation et seront enregistrés au **crédit** de la comptabilité ;
- les **flux entrants** (flux allant d'un partenaire vers l'organisation), constituent des emplois pour l'organisation et seront enregistrés au **débit** de la comptabilité. Un emploi est donc ce à quoi une ressource a été employée, ce qu'une ressource a permis d'obtenir.

8 **Préciser, pour chaque flux évoqué dans les documents 2 et 3, s'il s'agit d'un emploi ou d'une ressource pour l'entreprise LE CHOCOLAT DES LYS. Puis, indiquer s'il conviendrait de le comptabiliser au débit ou au crédit.**

Flux	Emploi	Ressource	Débit	Crédit
Achat de 500 kg de sucre				
Dette de 316,50 €				
Vente de 730 € de chocolats				
Règlement d'un client par chèque de 730 €				
Annulation de la dette de 316,50 €				
Règlement auprès d'un fournisseur par virement de 300 €				

3 LES PIÈCES JUSTIFICATIVES COMPTABLES ET L'ENREGISTREMENT AU JOURNAL

Michel Vilar doit désormais s'assurer que le module de comptabilité du nouveau PGI fonctionne correctement et permet l'enchaînement classique des différents documents comptables existants. Il va donc réaliser quelques essais à partir des pièces comptables du jour.

Document 4 Qu'est-ce qu'une pièce comptable ?

Selon la loi, chaque opération financière doit être enregistrée dans la comptabilité de l'entreprise et assortie d'une pièce comptable justificative, à savoir un document qui prouve l'opération en question (facture d'achat, de vente, note de frais, bulletin de salaire, déclaration sociale...). [...] Vous devez également conserver ces documents justificatifs pendant 10 ans, selon un système de classement et de format (originaux, électronique) que vous choisissez librement ; l'objectif étant de pouvoir transmettre rapidement n'importe quelle pièce comptable justificative en cas de demande de la part de l'expert-comptable, mais aussi de l'URSSAF ou de l'administration fiscale lors d'un contrôle.

www.l-expert-comptable.com

9 **Relever l'intérêt de conserver les différentes pièces comptables.**

Document 5 Facture du fournisseur VINCENTE

VICENTE
Rue du palais
84000 AVIGNON

LE CHOCOLAT DES LYS
Rue des Tapas
30000 NÎMES

Facture n° 30
Date 01/10/N

Référence	Désignation	Quantité	PU	Montant
S1A-50	Sucre 50 kg	10	30,00	300,00
			Montant HT	300,00
			TVA à 5,5%	16,50
			Total TTC	316,50

Règlement avant le 16/10/N

Document 6 Extrait du journal de l'entreprise LE CHOCOLAT DES LYS

		01/10/N		
601002		Achats de sucre	300,00	
445660		TVA sur autres biens et services	16,50	
	401VIC	Fournisseur VICENTE		316,50
		Facture VICENTE n° 30		

10 **Montrer que la facture (document 5) a bien servi de pièce comptable pour l'enregistrement au journal (document 6) d'une opération financière. Repérer pour cela les différents montants reportés.**

Document 7 **Extrait du journal de l'entreprise LE CHOCOLAT DES LYS**

		16/10/N		
401VIC		Fournisseur VICENTE	316,50	
	512001	Banque LCL		316,50
		Ordre de virement 7b123		

11 **Retrouver à quelle opération financière correspond l'écriture au journal ci-dessus (document 7).**

12 **Relever, dans le document 7, la pièce comptable qui a permis de passer cette écriture au journal.**

4 LE PASSAGE DU JOURNAL AU GRAND-LIVRE

Après avoir passé au journal les écritures comptables du jour, Michel Vilar souhaite s'assurer que toutes les imputations dans les comptes soient bien renseignées dans le grand-livre.

Document 8 **Extrait du grand-livre au 16 octobre N**

401VIC Fournisseur VICENTE				
Date	**Libellé**	**Débit**	**Crédit**	**Soldes**
16/03/N	Facture VICENTE n° 28		750,00	750,00
31/03/N	Ordre de virement n° 7b012	750,00		-
04/06/N	Facture VICENTE n° 29		613,00	613,00
19/06/N	Ordre de virement n° 7b098	613,00		-
01/10/N	Facture VICENTE n° 30		316,50	316,50
16/10/N	Ordre de virement n° 7b123	316,50		-
	Totaux	**1 679,50**	**1 679,50**	**-**

Le **grand-livre** reprend la totalité des écritures passées au journal et les présente classées par compte, dans l'ordre prévu par le plan comptable.

13 **Surligner dans le document 8 les mouvements reportés depuis le journal (documents 6 et 7).**

14 **Observer le solde du compte fournisseur 401VIC et préciser sa signification.**

15 **Déduire l'utilité du grand-livre dans l'enchaînement des documents comptables.**

5 LE PASSAGE DU GRAND-LIVRE À LA BALANCE

Michel Vilar souhaite poursuivre ses vérifications en observant désormais la balance comptable (**document 9**) et vérifier par la même occasion que le principe de la partie double a bien été respecté tout au long des écritures au journal.

La **balance** est un document comptable qui permet de présenter, à une date donnée, un état récapitulatif des comptes de l'entreprise. Elle indique, classés selon l'ordre imposé par le PCG, le numéro, l'intitulé, la somme des mouvements débiteurs, la somme des mouvements créditeurs et enfin le solde final de chaque compte utilisé par l'entreprise.

Document 9 **Balance comptable au 16/10/N**

N° de compte	Intitulé	Mouvements		Soldes	
		Débit	Crédit	Débiteur	Créditeur
101000	Capital		50 000,00		50 000,00
164000	Emprunts auprès des établissements de crédit	18 000,00	20 000,00		2 000,00
213000	Constructions	45 000,00		45 000,00	
215400	Matériel industriel	12 600,00		12 600,00	
215500	Outillage industriel	2 400,00		2 400,00	
218300	Matériel de bureau et informatique	8 600,00		8 600,00	
281000	Amortissements des immobilisations corporelles		62 550,00		62 550,00
311000	Stocks de matières premières	2 350,00		2 350,00	
326000	Stocks d'emballages	992,00		992,00	
355000	Stocks de produits finis	4 566,00		4 566,00	
401VIC	Fournisseur VICENTE	1 679,50	1 679,50		
401FEV	Fournisseur FÈVES D'AILLEURS	46 532,00	47 856,00		1 324,00
411000[1]	Clients	738 211,00	726 102,00	12 109,00	
445620	TVA sur immobilisations	-	-		
445660	TVA sur autres biens et services	16 251,00	13 231,00	3 020,00	
445710	TVA collectée	25 489,00	32 669,00		7 180,00
512001	Banque LCL	465 123,00	452 145,00	12 978,00	
512002	Banque CRÉDIT AGRICOLE	369 521,00	360 124,00	9 397,00	
530000	Caisse	23 655,00	23 214,00	441,00	
601001	Achats de fève de cacao	372 541,00		372 541,00	
601002	Achats de sucre	5 621,00		5 621,00	
601003	Achats de lait en poudre	124 512,00		124 512,00	
602600	Achats stockés - Emballages	8 412,00		8 412,00	
606400	Fournitures administratives	866,00		866,00	
615000	Entretien et réparations	423,00		423,00	
635000	Autres impôts, taxes et versements assimilés	411,00		411,00	
641000	Rémunérations du personnel	140 366,00		140 366,00	
645000	Charges de sécurité sociale et de prévoyance	28 544,00		28 544,00	
661000	Charges d'intérêts	236,00		236,00	
701001	Ventes de cacao		123 588,00		123 588,00
701002	Ventes de chocolats		477 856,00		477 856,00
701003	Ventes de confiseries		71 887,00		71 887,00
	TOTAUX	**2 462 901,50**	**2 462 901,50**	**796 385,00**	**796 385,00**

[1] *Par souci de simplification, les comptes clients ne sont pas détaillés.*

16 Justifier que le principe de partie double a été respecté dans la tenue de la comptabilité.

17 Présenter la situation du compte « Fournisseur FÈVES D'AILLEURS » à partir du **document 9** (préciser pour cela son numéro de compte, ses mouvements débiteurs et créditeurs, puis le montant, la nature et la signification de son solde).

18 Présenter la situation du compte « Clients » à partir du **document 9** (préciser pour cela son numéro de compte, ses mouvements débiteurs et créditeurs, puis le montant, la nature et la signification de son solde).

19 Présenter la situation du compte « Emprunts auprès des établissements de crédit » à partir du **document 9** (préciser pour cela son numéro de compte, ses mouvements débiteurs et créditeurs, puis le montant, la nature et la signification de son solde).

6 LE PASSAGE DE LA BALANCE AUX DOCUMENTS DE SYNTHÈSE

À la fin d'un exercice comptable (12 mois d'activité), l'entreprise doit présenter ses documents de synthèse. L'élaboration de son compte de résultat et de son bilan est une obligation légale et Michel Vilar souhaite désormais vérifier que le PGI, mis à jour, s'acquitte de cette tâche sans problème lié aux différents paramétrages qu'il a réalisés. Pour cela, et sans attendre la fin de l'exercice comptable, il souhaite générer des documents de synthèse intermédiaires qui lui permettront de réaliser ses investigations.

Document 10 **Compte de résultat (intermédiaire) au 16/10/N**

CHARGES	Montant	PRODUITS	Montant
Charges d'exploitation		**Produits d'exploitation**	
Achats de marchandises		Ventes de marchandises	
Achats de matières premières	502 674,00	Production vendue	673 331,00
Autres achats et charges externes	9 701,00		
Impôts, taxes et versements assimilés	411,00		
Salaires et traitements	140 366,00		
Charges sociales	28 544,00		
Dotations aux amortissements et aux provisions			
Charges financières		**Produits financiers**	
Intérêts et charges assimilées	236,00		
Charges exceptionnelles		**Produits exceptionnels**	
TOTAL des charges	**681 932,00**	**Total des produits**	**673 331,00**
Solde créditeur : **bénéfice**		Solde débiteur : **perte**	
TOTAL GÉNÉRAL		**TOTAL GÉNÉRAL**	

20 Retrouver le bénéfice ou la perte de l'entreprise LE CHOCOLAT DES LYS au 16/10/N, puis compléter le **document 10**.

21 Repérer, à l'aide des **documents 9** et **10**, les classes de comptes reportées dans le compte de résultat.

22 Déduire l'intérêt du compte du résultat.

Document 11 **Bilan (intermédiaire) au 16/10/N**

ACTIF	Montant	PASSIF	Montant
ACTIF IMMOBILISÉ		**CAPITAUX PROPRES**	
Immobilisations incorporelles		Capital	50 000,00
Immobilisations corporelles[1]	6 050,00	Réserves	
Immobilisations financières		Résultat de l'exercice	- 8 601,00
TOTAL I	**6 050,00**	**TOTAL I**	**41 399,00**
ACTIF CIRCULANT		**DETTES**	
Stocks et en-cours	7 908,00	Emprunts	2 000,00
Créances clients	12 109,00	Dettes fournisseurs	1 324,00
Autres créances	3 020,00	Autres dettes	7 180,00
Disponibilités	22 816,00		
TOTAL II	**45 853,00**	**TOTAL II**	**10 504,00**
TOTAL GÉNÉRAL	**51 903,00**	**TOTAL GÉNÉRAL**	**51 903,00**

[1] *Le montant des immobilisations corporelles est calculé en déduisant le montant des amortissements.*

23 Repérer où le résultat de l'exercice a été reporté dans le bilan (**document 11**) et interpréter son signe.

24 Repérer, à l'aide des **documents 9** et **11**, les classes de comptes reportées dans le bilan.

25 Déduire l'intérêt du bilan.

À retenir

L'ARTICULATION DES DOCUMENTS COMPTABLES ET LA PARTIE DOUBLE

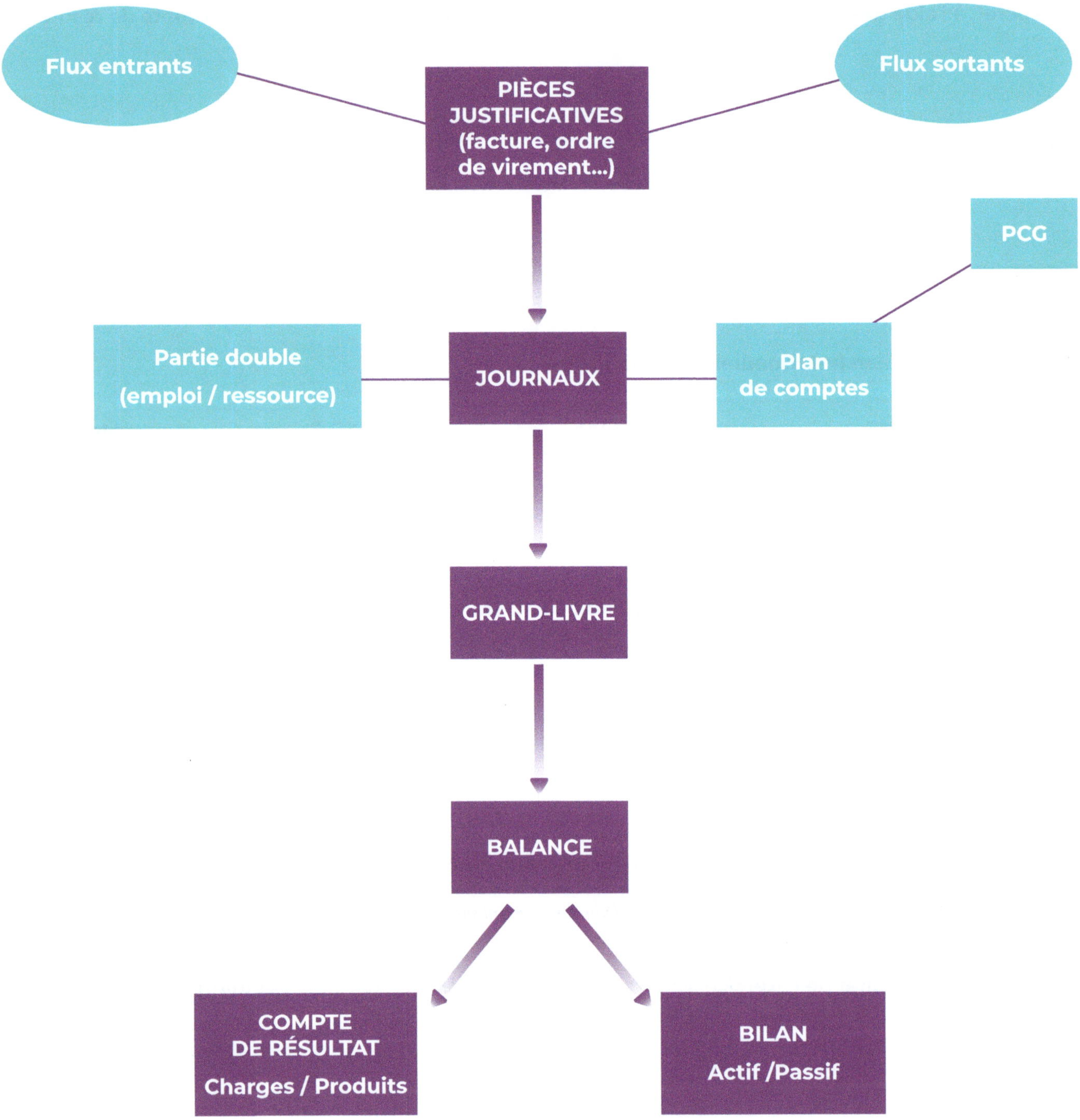

Se tester en ligne
https://qrcode.link/a/Kyo5k2

» LIEN AVEC LE MANAGEMENT, SCIENCES DE GESTION ET NUMÉRIQUE

Création de valeur : indicateurs extraits du compte de résultat et du bilan.
Communication financière : les besoins d'information financière des partenaires internes et externes.

Appliquer

Activité 1 Adapter le plan de comptes

Le cinéma **L'UTOPIE** est un cinéma d'art et d'essai de La Grande Motte dans l'Hérault. Il propose des films en version originale sous-titrée ainsi qu'un service de restauration en salle ou en terrasse au bord de la mer. Cette diversification vient juste d'être mise en place à l'occasion de l'acquisition d'un bâtiment voisin aux salles du cinéma et nécessite une adaptation du plan de comptes de l'entreprise. Par ailleurs, des séances le matin sont régulièrement réservées par des établissements scolaires. Ces derniers organisent des sorties pédagogiques pour leurs élèves et règlent le cinéma sous 30 jours.

Annexe **Plan de comptes de l'entreprise L'UTOPIE**

N° de compte	Intitulé
101000	Capital
164000	Emprunts auprès des établissements de crédit
213000	Constructions
218300	Matériel de bureau et informatique
281000	Amortissements des immobilisations corporelles
311000	Stocks de matières premières
401000	Fournisseurs
411000	Clients
445620	TVA sur immobilisations
445660	TVA sur autres biens et services
445710	TVA collectée
512000	Banques
530000	Caisse
601000	Achats de matières premières
615000	Entretien et réparations
635000	Autres impôts, taxes et versements assimilés
641000	Rémunérations du personnel
645000	Charges de sécurité sociale et de prévoyance
651600	Droits d'auteur et de reproduction
661000	Charges d'intérêts
706000	Prestations de services

1 Retrouver le ou les comptes de produits du cinéma L'UTOPIE.

2 Proposer une adaptation du plan de comptes pour permettre à l'entreprise L'UTOPIE d'identifier les nouveaux produits qu'elle va générer par son service de restauration.

3 Proposer une adaptation du plan de comptes pour permettre à l'entreprise de suivre plus facilement le règlement des différents établissements scolaires.

Activité 2 Maîtriser l'enchaînement des documents comptables

TEAM CROSSFIT est une entreprise qui propose à ses adhérents des cours de cross-training, ainsi que la vente de différents articles en lien avec la pratique de ce sport, comme des cordes à sauter ou des maniques d'haltérophilie. Lucie, nouvelle stagiaire comptable dans cette entreprise, va pouvoir aider Anthony, dirigeant de la salle, à préparer lui-même une grande partie de sa comptabilité grâce au PGI qu'il vient d'acquérir.

1 **Indiquer la pièce justificative qui a permis l'enregistrement au journal (annexe 1).**

2 **Vérifier que le principe de la partie double a bien été respecté lors de cette écriture au journal (annexe 1).**

3 **Rappeler à Anthony l'enchaînement des documents comptables qui va s'automatiser, grâce au PGI, à partir de cette écriture au journal.**

4 **Compléter l'extrait du grand-livre (annexe 2) et justifier le solde du compte 401ROG auprès d'Anthony (montant, nature et signification).**

5 **Compléter l'extrait de la balance concernant le fournisseur ROGUE (annexe 3).**

6 **Expliquer à Anthony l'impact du solde du compte 401ROG sur les documents de synthèse.**

Annexe 1 Extrait du journal comptable

		16/07/N		
607001		Achats de cordes à sauter	1 500,00	
445660		TVA sur autres biens et services	300,00	
	401ROG	Fournisseur ROGUE		1 800,00
		Facture ROGUE n° F54258		

Annexe 2 Extrait du grand-livre

401ROG Fournisseur ROGUE				
Date	**Libellé**	**Débit**	**Crédit**	**Soldes**
01/02/N	Facture ROGUE n° F53954		750,00	750,00
28/02/N	Chèque n° 15487458965	750,00		-
04/06/N	Facture ROGUE n° F54067		230,00	230,00
16/07/N				
	Totaux			

Annexe 3 Extrait de la balance

N° de compte	Intitulé	Mouvements		Solde	
		Débit	Crédit	Débiteur	Créditeur
…					
401ROG	Fournisseur ROGUE				
…					

CHAPITRE 3

Le cycle d'exploitation

CAPACITÉS » Comptabiliser et analyser des opérations simples du processus achat-vente.

NOTIONS » Cycle d'exploitation, processus d'achat/vente de biens et services et règlement ; taxe sur la valeur ajoutée.

» Contrôles (lettrage, rapprochement d'états).

? 1.2 - Acheter et vendre, quelle traduction comptable ?

Contexte Electro Vélo

» MISE EN SITUATION

ELECTRO VÉLO est une entreprise française créée en 2018 par Mme Dufour, son actuelle gérante. Le site est situé à Lyon dans la région Auvergne-Rhône-Alpes et est spécialisé dans la fabrication de vélos à assistance électrique (VAE). Ce produit se démocratise et bénéficie d'un marché en forte progression qui permet à l'entreprise de se développer rapidement.

Les modèles vendus par ELECTRO VÉLO sont conçus pour une utilisation intensive avec une longue autonomie et une forte résistance aux intempéries. Dans son usine, l'entreprise fabrique des produits à destination des clients urbains lassés de la voiture et des transports en commun, mais également des loueurs professionnels. Certaines pièces sont achetées chez les fournisseurs spécialisés (poignées de guidon, selle, garde-boue…).

Les caractéristiques principales de l'organisation	
Type	Entreprise privée
Secteur d'activité	Secondaire : Fabricant de vélos à assistance électrique
Statut	Société par actions simplifiée (SAS)
Taille	PME de 53 salariés
Les autres caractéristiques de l'organisation	
Nationalité	Française
Ressources humaines	56 salariés
Ressources financières	Capital social de 250 000 €
Ressources matérielles	Locaux et chaînes de fabrication
Champ géographique	National

Découvrir

1 LE PROCESSUS D'ACHAT

Mme Dufour la gérante et Sandrine, sa comptable, souhaitent s'assurer de la qualité du processus d'achat d'ELECTRO VÉLO. Elles décident d'étudier en priorité les achats réalisés auprès du fournisseur de batterie, SA BAT. Avant chaque commande, ELECTRO VÉLO renseigne le site internet de son fournisseur des quantités de produits qu'elle souhaite acheter. Le professionnel lui retourne par courriel une description détaillée des produits visés par le devis. Si celui-ci est accepté par Mme Dufour elle-même, Sandrine remplit un bon de commande pour manifester sa volonté de contracter avec SA BAT. La livraison de la commande est accompagnée du bon de livraison qui permet de prouver que les marchandises achetées ont bien été livrées et réceptionnées par ELECTRO VÉLO. Vient enfin la facture de SA BAT qui permet de constater ce que doit ELECTRO VÉLO.

Document 1 **Le cycle d'exploitation dans une entreprise industrielle**

Le cycle d'exploitation regroupe toutes les opérations d'achat aux fournisseurs et de vente aux clients nécessaires à l'activité économique. L'entreprise doit légalement retranscrire l'ensemble de ses opérations dans ses comptes à la réception des factures correspondantes. <u>Le cycle d'exploitation fait que les achats précèdent les ventes ce qui implique souvent un décalage de trésorerie</u>. En effet, le règlement des achats intervient, sauf exceptions, avant l'encaissement des ventes.

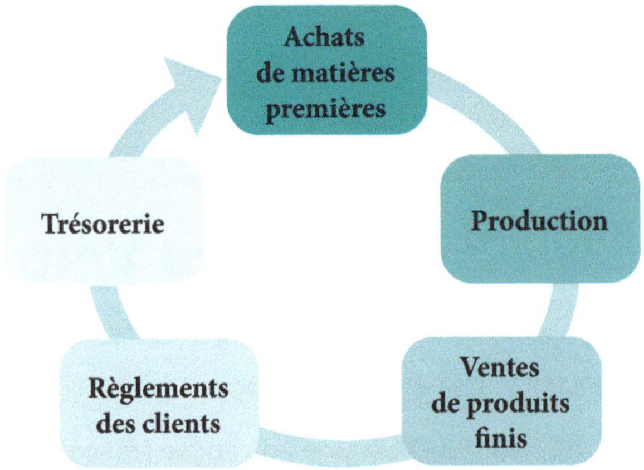

1 **Identifier les acteurs à l'origine des différents documents comptables. Préciser si un enregistrement comptable est nécessaire.**

Phases	ELECTRO VÉLO (Client)	SA BAT (Fournisseur)	Enregistrement
Devis	☐	☐	☐
Bon de commande	☐	☐	☐
Bon de livraison	☐	☐	☐
Facture de doit	☐	☐	☐

2 **Rappeler les étapes du cycle d'exploitation dans une entreprise commerciale.**

....

....

....

....

3 **Expliquer la phrase soulignée dans le document 1.**

....

....

....

....

....

Document 2 Facture d'achat

SA BAT Rue Fontaine 01053 Bourg-en-Bresse			**FACTURE n° 56911** Date 18/05/N	
		DOIT	ELECTRO VÉLO Rue Colbert 69000 Lyon	
Réf	**Description**	**Q**	**PU HT**	**Montant**
B21 B22	Batteries 10 Ah Batteries 5 Ah	10 2	199,99 79,00	1999,90 158,00
			Total	2 157,90
			Remise 5 %	107,90
			Net commercial	2 050,00
			Frais de port	55,00
			Montant HT	2 105,00
			TVA à 20 %	421,00
			Total TTC	**2 526,00**
Règlement comptant				

Document 3 Enregistrement de la facture n° 56911

		18/05/N		
601		Achats de matières premières		
6241		Transport sur achats		
44566		TVA déductible sur autres biens et services		
	401	Fournisseurs		
		Facture n° 56911		

4 Préciser le rôle de la facture. Identifier la nature des biens figurant sur la facture.

5 Compléter l'enregistrement de la facture. Vérifier que l'écriture respecte le principe de la partie double.

6 Justifier la présence de la remise accordée à ELECTRO VÉLO.

7 Retrouver par le calcul le montant de la TVA présent sur la facture (document 2). Préciser si ce montant est une créance ou une dette sur l'État.

2 LE PROCESSUS DE VENTE

Sandrine prépare la facture de doit du client LOCACYCLE. Ce professionnel réglera la totalité de la facture par le virement bancaire n° 3266512, le 28 mai N.

8 **Corriger les erreurs présentes dans la facture (document 4). Effectuer l'enregistrement correspondant (document 5).**

Document 4 Facture de vente LOCACYCLE

Electro Vélo
ELECTRO VÉLO
Rue Colbert
69000 Lyon

FACTURE n° 91121

Date 19/05/N

LOCACYCLE
Rue Duez
59400 Cambrai

Réf	Description	Q	PU HT	Montant
HLB	VAE Homme blanc	10	1 259,10	12 591,00
FLN	VAE Femme rouge	15	1 159,10	17 386,50
			Montant HT	29 977,50
			Remise 2 %	599,55
			Net commercial	30 577,05
			Frais de port forfaitaires	75,00
			TOTAL HT	30 502,05
			TVA à 20 %	6 100,41
			TOTAL TTC	**36 602,46**

Règlement à 30 jours, fin de mois

Document 5 Enregistrement de la facture 91121

		...		
411		Clients		
	44571	TVA collectée		
	708	Produits des activités annexes		
	701	Ventes de produits finis		
		Facture n° 91121		

9 **Précisez l'impact sur le compte de résultat de l'enregistrement de la facture.**

....

....

....

....

La société LOCACYCLE retourne deux vélos de la référence HLB présentant des défauts. Sandrine prépare une facture d'avoir comme pour chaque retour de produits.

Document 6 Facture d'avoir de LOCACYCLE

Electro Vélo
ELECTRO VÉLO
Rue Colbert
69000 Lyon

AVOIR n° A91121

Date 24/05/N

LOCACYCLE
Rue Duez
59400 Cambrai

Réf	Description	Q	PU HT	Montant
HLB	VAE Homme blanc	2	1 259,10	2 518,20
			Montant HT	2 518,20
			Remise 2 %	50,36
			Net commercial	2 467,84
			TVA à 20 %	493,57
			Net à déduire	2 961,41

10 **Relever les points communs et les différences entre la facture de doit (document 4) et la facture d'avoir (document 6).**

Document 7 Enregistrement de la facture d'avoir A91121

		24/05/N		
701		Ventes de produits finis	2 467,84	
44571		TVA collectée	493,57	
	411	Clients		2 961,41
		Avoir n° A91121		

11 **Comparer les documents 5 et 7. Expliquer le fonctionnement d'un enregistrement de facture d'avoir.**

12 **Évaluer le montant de la créance d'ELECTRO VÉLO sur le client LOCACYLE au 28/05/N.**

13 **Terminer l'enregistrement du virement bancaire du client LOCACYCLE afin d'éteindre la dette restante après la facture d'avoir (document 6).**

Document 8 Règlement de la facture n° 91121

		28 mai N		
512		Banque		
	411	Clients		
		Virement n° 3266512		

3 LE MÉCANISME DE LA TAXE SUR LA VALEUR AJOUTÉE

Comme la plupart des entreprises, ELECTRO VÉLO collecte de la TVA sur chacune de ses ventes au profit de l'État. En contrepartie, elle déduit du montant à verser à l'État la TVA calculée sur ses achats. Sandrine est chargée comme chaque mois d'enregistrer en comptabilité la TVA due à l'État.

https://eqrcode.co/a/REDhGL

Petit plus vidéo

La **TVA** est payée par le consommateur final et est collectée par les entreprises qui la reversent à l'administration fiscale dans les 15 à 24 premiers jours du mois suivant.

TVA à payer à l'État = TVA collectée via la vente de produits ou services – **TVA déductible** sur les achats réalisés auprès des professionnels.

Document 9 **Mécanisme de la TVA chez ELECTRO VÉLO pour le mois de mai**

Fournisseurs → 225 000 € HT Achats → ELECTRO VÉLO → 648 185 € HT Ventes → Consommateur final

TVA déductible : ....

TVA collectée : ....

TVA reversée à l'État : ....

14 **Rappeler le taux de TVA s'appliquant à ELECTRO VÉLO. Calculer les montants des différentes TVA du mois de mai (document 9).**

Document 10 **Enregistrement de la dette de TVA du mois de mai**

		31/05/N		
44571		TVA collectée		
	44566	TVA déductible sur ABS		
	44551	TVA à décaisser		
		Déclaration de TVA (mai N)		

15 **Terminer l'enregistrement (document 10).**

16 **Déterminer pourquoi la TVA est considérée comme neutre pour le résultat de l'entreprise.**

Document 11 **Règlement à l'État de la TVA de mai**

		15/06/N		
44551		TVA à décaisser	84 637,00	
	512	Banque		84 637,00
		Règlement à l'État (TVA de mai N)		

17 **Indiquer l'incidence du paiement de la TVA de mai sur la trésorerie de juin.**

En juin, Sandrine doit réaliser la déclaration de TVA du mois de juin N. L'entreprise a réalisé de nombreux investissements et pour ne pas réaliser d'erreurs, elle s'appuie sur la balance comptable extraite du PGI d'ELECTRO VÉLO.

Document 12 **Extrait de la balance 30/06/N avant écriture de TVA**

N° compte	Intitulé	Solde débiteur	Solde créditeur
44562	TVA déductible sur immobilisations	52 000	
44566	TVA déductible sur autres biens et services	67 500	
44567	Crédit de TVA à reporter		
44571	TVA collectée		115 000

Document 13 **Remboursement de crédit de TVA**

La TVA à reverser est calculée par différence entre la TVA collectée sur les opérations imposables (ventes, prestations de services, etc.) et celle déductible sur les achats, charges et immobilisations. Lorsque la TVA à déduire est supérieure à celle perçue, l'entreprise bénéficie d'un crédit de TVA[1].

https://www.impots.gouv.fr/portail/professionnel/remboursement-de-credit-de-tva

[1] *Un crédit de TVA peut être utilisé de deux manières différentes. L'entreprise peut soit déduire le crédit de TVA du montant de TVA à décaisser du mois suivant, soit demander un remboursement sous certaines conditions.*

18 **Expliquer l'absence de montant pour le compte 44567 crédit de TVA à reporter (document 12).**

19 **Évaluer le montant de la TVA à reverser (ou du crédit de TVA) du mois de juin N.**

4 LE CONTRÔLE PAR LETTRAGE DES COMPTES

L'automatisation de la comptabilité d'ELECTRO VÉLO, conséquence de l'utilisation d'un PGI, permet une optimisation du suivi des comptes clients et fournisseurs. Sandrine souhaite vérifier le recouvrement des factures du client SARL GARNIER. ELECTRO VÉLO accorde en général à ce client une semaine pour régler ses factures.

https://eqrcode.co/a/ltEHCY

Petit plus vidéo

Document 14 **Compte SA GARNIER au 01/07/N**

411 Client SA Garnier					
Dates	**Libellés**	**Débit**		**Crédit**	
		Montants	**Lettrage**	**Montants**	**Lettrage**
04/06	**Solde initial du compte**	10 055,00	**A**		
08/06	Facture n° 91136	8 844,00	**B**		
11/06	Virement n° 213451			10 055,00	**A**
11/06	Facture n° 91221	24 588,00			
12/06	Chèque n° 141256			3 588,00	**B**
15/06	Chèque n° 141268			5 256,00	**B**
16/06	Facture n° 91233	8 844,00			
29/06	Avoir n° A91157			5 055,00	
01/07	**Solde final du compte**	28 377,00			

20 **Repérer l'intérêt pour ELECTRO VÉLO de contrôler ses comptes clients par un lettrage.**

21 **Identifier l'anomalie de paiement du compte SA GARNIER. Proposer des solutions à Sandrine pour recouvrir sa créance.**

22 **Chercher des arguments à soumettre à Sandrine pour la convaincre de l'intérêt d'assurer également le contrôle des comptes fournisseurs d'ELECTRO VÉLO.**

5 LE CONTRÔLE PAR RAPPROCHEMENT D'ÉTATS

Sandrine consulte le site internet de sa banque, le Crédit du Centre. Elle décide de contrôler la correspondance de son relevé en ligne du mois d'août avec ses propres enregistrements comptables sur le compte 512 de l'entreprise. Elle peut ainsi vérifier si des erreurs ont été commises ou si des opérations n'ont pas encore été enregistrées.

Document 15 Extrait du compte 512

Compte 512 - Crédit du Centre			
Dates	**Libellés**	**Débit**	**Crédit**
01/08	**Solde initial**	25 212,00	
02/08	Virement client	1 235,00	
06/08	Remise de chèques	5 900,33	
07/08	Prélèvement EDF		1 474,00
07/08	Chèque reçu	320,00	
10/08	Virement n° 4021	563,22	
13/08	Dépôt d'espèces	980,00	
14/08	Virement SA BAT		6 895,36
15/08	Chèque n° 1524		2 655,00
15/08	**Solde final**	**23 186,19**	

Document 16 Relevé en ligne - Crédit du Centre

Date	Opérations	Débit	Crédit
Solde au 01/08			25 212,00
02/08	Virement LOCACYCLE		1 235,00
03/08	Frais bancaires	12,00	
05/08	Prélèvement EDF	1 474,00	
08/08	Remise de chèques		5 900,33
09/08	Virement n° 4021		563,22
10/08	Dépôt d'espèces		980,00
14/08	Virement SA BAT	6 895,36	
15/08	Dépôt d'espèces		235,00
Solde au 15/08			**25 744,19**

23 **Expliquer pourquoi le virement du client LOCACYCLE apparaît au débit du compte 512 de l'entreprise ELECTRO VÉLO et au crédit du relevé bancaire.**

24 **Terminer de surligner les montants apparaissant dans les deux documents.**

25 **Identifier les opérations ne figurant que sur l'un ou l'autre des documents. Commenter.**

Le **rapprochement bancaire** permet de vérifier que les écritures du **compte 512** Banque ont été correctement comptabilisées et que l'entreprise dispose d'une trésorerie suffisante pour respecter ses engagements.

Cette méthode consiste à comparer les enregistrements effectués au **compte 512** Banque avec le **relevé bancaire**. Seuls les montants non pointés apparaissent sur ce que l'on appelle « l'état de rapprochement ». Les montants du relevé bancaire non pointés sur le compte 512 Banque doivent être enregistrés dans la comptabilité de l'entreprise. Ainsi, les montants sont inscrits en sens inverse du document d'origine. Par exemple, une opération au crédit du compte 512 de l'entreprise, sera présentée au débit du relevé bancaire.

Document 17 État de rapprochement bancaire

Compte 512 - Crédit du Centre			Relevé bancaire – Crédit du centre		
Opérations	**Débit**	**Crédit**	**Opérations**	**Débit**	**Crédit**
Solde au 15/08			Solde au 15/08		
Frais bancaires		12,00			
Totaux			**Totaux**		
Solde rapproché			**Solde rapproché**		

26 Inscrire les soldes au 15 août du compte 512 et du relevé en ligne dans le **document 15**.

27 Préciser pourquoi les 12 € de frais bancaires doivent apparaître au crédit du compte 512 de l'état de rapprochement.

28 Reporter dans l'état de rapprochement bancaire les autres opérations non pointées.

29 Retrouver les soldes des comptes de l'état de rapprochement pour identifier le montant de la trésorerie disponible au 15 août.

LE CYCLE D'EXPLOITATION

Enregistrement d'une facture d'achat

6..		Achats...	X	
6241		Transport sur achats	X	
44566		TVA déductible sur ABS	X	
	401	Fournisseurs		X

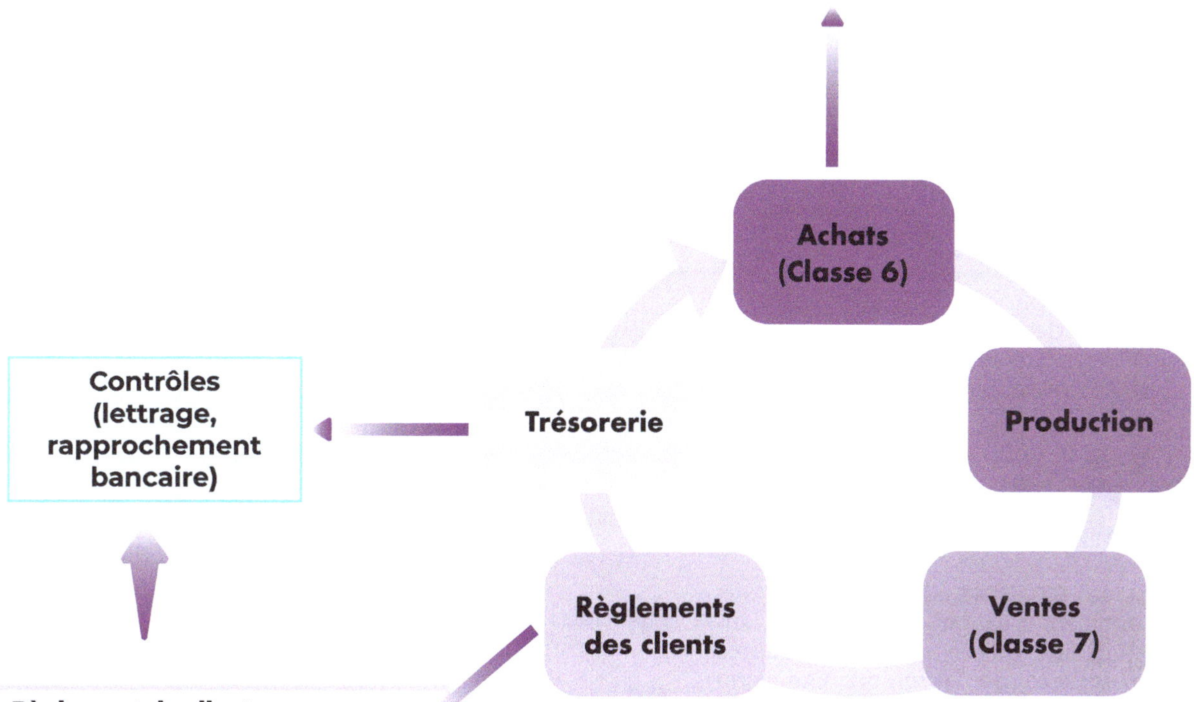

Règlement du client

512		Banque	X	
	411	Clients		X

Enregistrement d'une facture de vente

411		Clients	X	
	44571	TVA collectée		X
	708	Produits des activités annexes		X
	7...	Ventes ...		X

Se tester en ligne
https://eqrcode.co/a/CXSlit

» LIEN AVEC LE MANAGEMENT, SCIENCES DE GESTION ET NUMÉRIQUE
Création de valeur : indicateurs extraits du compte de résultat et du bilan.

Appliquer

https://qrcode.link/a/p2matn

Activité 1 Tester ses connaissances

Affirmations	Vrai	Faux	Justifications
Lorsqu'elle effectue un achat, la trésorerie de l'entreprise baisse toujours immédiatement.	☐	☐	
Le compte 401 fournisseurs est un compte de charge.	☐	☐	
Une facture d'avoir sert à corriger et/ou annuler une facture déjà enregistrée.	☐	☐	
La TVA est un impôt sur la consommation payé par les entreprises.	☐	☐	
Le compte banque (512) et le relevé bancaire de l'entreprise devraient avoir des soldes identiques mais de sens contraire.	☐	☐	

Activité 2 Comptabiliser une facture

La société **EXOBOIS** est spécialisée dans la commercialisation de meubles en bois exotique qu'elle se procure auprès d'un grossiste de la région. Elle vend ses meubles à des particuliers dans son magasin situé à Rouen.

1 Déterminer le type d'activité de l'entreprise EXOBOIS (industrielle, commerciale ou de service). Justifier.

2 Préciser le compte de produit que va utiliser EXOBOIS pour enregistrer ses ventes de meubles.

3 Après analyse de l'annexe, identifier le client et le fournisseur de cette facture.

4 Enregistrer la facture n° 4422 dans le journal de l'entreprise EXOBOIS. Préciser le montant de sa dette.

Annexe Facture n° 4422

MEUBLES EN TEK — FACTURE n° 4422 — Date 28/08/N

DOIT EXOBOIS

Description	Qté	PU HT	Montant
Buffet en teck	10	879,00	8 790,00
Meuble SDB en teck	4	1 199,00	4 796,00
		Montant HT	13 586,00
		Frais de port	50,00
		Total HT	13 636,00
		TVA à 20 %	2 727,20
		Total TTC	**16 363,20**

Règlement à 30 jours, fin de mois

Activité 3 Effectuer des opérations courantes d'achats et un règlement

Le magasin **LIDL** de Moult est spécialisé dans la distribution de produits alimentaires. Pour ses fournitures de bureau, l'entreprise fait régulièrement appel au spécialiste en fournitures de bureau, OFFICE DÉPÔT, situé à Mondeville. Cette relation commerciale régulière permet à ce LIDL d'obtenir des avantages commerciaux.

Vous disposez de plusieurs documents commerciaux en annexe.

1 **Préciser les documents commerciaux donnant lieu à un enregistrement comptable (annexe).**

2 **Expliquer pourquoi OFFICE DÉPÔT accorde une remise à LIDL.**

3 **Indiquer la raison pour laquelle l'entreprise LIDL a reçu une facture d'avoir en date du 10 décembre N.**

4 **Indiquer le montant du virement bancaire adressé par LIDL à OFFICE DÉPÔT.**

5 **Enregistrer chez LIDL la facture de doit et le règlement par chèque.**

Annexe Documents commerciaux

LIDL
La Haie au Blanc
14370 Moult

Bon de commande n° 278

Date 29/11/N

OFFICE DÉPÔT
Zac de l'étoile
14120 Mondeville

Description	Q	PU HT
Ramettes A4	30	7,50
Cartouches d'encre noire	10	15,00

OFFICE DÉPÔT
Zac de l'étoile
14120 Mondeville

Avoir n° A1223

Date 10/12/N

LIDL
La Haie au Blanc
14370 Moult

Description	Q	PU HT	Montant
Cartouches couleurs	10	25,00	250,00
		Montant HT	250,00
		Remise 5 %	12,50
		Net commercial	237,50
		TVA à 20 %	47,50
		Net à déduire	**285,00**

À déduire du règlement

OFFICE DÉPÔT
Zac de l'étoile
14120 Mondeville

Facture n° 1223

Date 03/12/N

LIDL
La Haie au Blanc
14370 Moult

Description	Q	PU HT	Montant
Ramettes A4	30	7,50	225,00
Cartouches couleurs	10	25,00	250,00
		Montant HT	475,00
		Remise 5 %	23,75
		Net commercial	451,25
		TVA à 20 %	90,25
		Net à payer	**541,50**

Règlement fin de mois

Le 31/12/N, LIDL établit le **virement bancaire n° 7112** afin de régler le solde dû à OFFICE DÉPÔT.

Activité 4 Vérifier la concordance de ses opérations bancaires

FORGE_RAGNAROK.xlsx

LA FORGE DU RAGNARÖK est une entreprise normande spécialisée dans la fabrication de coutellerie artisanale. Johan Hamelin, le propriétaire passionné par la période viking, réalise des couteaux d'inspiration nordique ainsi que des couteaux de cuisine qu'il peut personnaliser selon les envies des clients. Chacune de ses créations est pensée et conçue dans son atelier d'Hermanville-sur-Mer.

LA FORGE DU RAGNARÖK envisage dans un avenir proche d'acquérir une nouvelle meuleuse à bande permettant d'affiner les lames pour 550 € TTC. M. Hamelin souhaite connaître l'état de sa trésorerie pour financer son nouveau matériel. Le cabinet comptable de LA FORGE DU RAGNARÖK va contrôler les opérations bancaires de l'entreprise pour le mois d'octobre afin d'offrir une réponse au coutelier forgeron.

1 Déterminer en quoi la réalisation d'un état de rapprochement bancaire présente de nombreux avantages pour LA FORGE DU RAGNARÖK.

2 Préciser la signification des soldes au 31 octobre N des documents figurant en annexes 2 et 3. Expliquer l'écart entre ces deux soldes.

3 Pointer les opérations réciproques des annexes 2 et 3.

4 Compléter l'état de rapprochement bancaire au 31/10/N (annexe 1).

5 Signifier à M. Hamelin s'il est envisageable de s'appuyer sur la trésorerie de LA FORGE DU RAGNARÖK pour acquérir une meuleuse à bande.

Annexe 1 État de rapprochement bancaire au 31 octobre N

Compte 512			Relevé bancaire		
Opérations	Débit	Crédit	Opérations	Débit	Crédit
Totaux			**Totaux**		
Solde rapproché			**Solde rapproché**		

Annexe 2 **Relevé bancaire en ligne de LA FORGE DU RAGNARÖK**

Dates	Libellés	Sommes	
		Débit	Crédit
1/10	Solde initial		4 300,00
2/10	Virement client NATUREOUEST		1 235,00
6/10	Retrait d'espèces	60,00	
10/10	Prélèvement EDF	250,00	
12/10	Remise de chèques n° 212		6 350,00
16/10	Chèque n° 544	1 200,00	
17/10	Virement client KELLER		475,00
19/10	Dépôt d'espèces		1 555,00
15/10	Prélèvement Trésor public	852,00	
23/10	Virement au fournisseur METTALUS	4 200,00	
29/10	Virement client NATUREOUEST		235,00
	Solde au 31 octobre		7 588,00

Annexe 3 **Compte 512 banque tenu par LA FORGE DU RAGNARÖK**

Dates	Libellés	Sommes	
		Débit	Crédit
1/10	Solde initial	4 300,00	
2/10	Virement client NATUREOUEST	1 235,00	
8/10	Remise de chèques n° 212	6 350,00	
10/10	Prélèvement EDF		250,00
12/10	Remise de chèques n° 213	1 320,00	
14/10	Chèque n° 544		1 200,00
16/10	Virement client KELLER	475,00	
16/10	Dépôt d'espèces	1 555,00	
23/10	Virement au fournisseur METTALUS		4 200,00
28/10	Prélèvement SFR		75,00
	Solde au 31 octobre	9 510,00	

Activité 5 Réaliser des opérations courantes de ventes et suivre un compte client

L'**EURL BTP PRO** est une PME française du bâtiment et travaux publics implantée dans le département de l'Orne. Elle réalise des travaux de voirie dans toute la région Normandie. Dans un contexte économique difficile, BTP PRO contrôle strictement le recouvrement des règlements clients afin de prévenir d'éventuelles difficultés de trésorerie. Elle travaille actuellement pour un de ses clients réguliers, la SA DOUTRE qui dispose d'un délai de règlement de huit jours.

Le compte de vente ***704 - Travaux*** est utilisé pour l'enregistrement de ces opérations.

1 Enregistrer la facture de doit (annexe 1) au journal de BTP PRO.

2 Enregistrer le règlement de la facture n° 721 effectué par virement bancaire le 27 février.

3 Compléter le compte client (annexe 2). Réaliser le lettrage du compte client.

4 Calculer le solde du compte client de la SA DOUTRE et indiquer sa nature.

5 Préciser si le client de BTP PRO respecte son délai de paiement.

Annexe 1 Facture de doit – Client SA DOUTRE

BTP PRO
Bd Flaubert
61500 Sées

FACTURE n° 721

Date 19/02/N

SA DOUTRE
Rue Duez
61200 Argentan

Description	Q	PU HT	Montant
Dalle en béton (en m²)	89	60,00	5 340,00
Transport de gravas (en m²)	5	25,00	125,00
		Montant HT	5 465,00
		Remise 5 %	273,25
		Net commercial	5 191,75
		TVA à 20 %	1 038,35
		TOTAL TTC	**6 230,10**

Règlement sous 8 jours

Annexe 2 Compte SA DOUTRE au 28/02/N

411 Client SA DOUTRE					
Dates	**Libellés**	**Débit**		**Crédit**	
		Montants	**Lettrage**	**Montants**	**Lettrage**
04/02	**Solde initial du compte**	1 000,00	A		
08/02	Chèque n° 321			200,00	
11/02	Virement bancaire SA DOUTRE			800,00	
11/02	Facture n° 711	4 588,00			
12/02	Avoir n° A711			588,00	
15/02	Chèque N° 1412			4 000,00	
19/02					
27/02					
28/02	Facture n° 737	3 658,00			
28/02	**Solde final du compte**				

CHAPITRE 4

Le processus d'investissement

CAPACITÉS
- Décrire les éléments du coût d'acquisition d'une immobilisation corporelle.
- Élaborer le plan d'amortissement selon une approche économique.

NOTIONS
- Processus d'investissement : coût d'acquisition, prix de cession et règlement.
- Différence actif/charge.
- Amortissement d'une immobilisation.

1.3 - Investir, quelle traduction comptable ?

Contexte Gaming Studios

» MISE EN SITUATION

GAMING STUDIOS est une entreprise indépendante qui développe et crée des jeux vidéo multiplateformes. Elle est située à Nanterre, à quelques kilomètres de Paris.

Ce studio s'est fait connaître pour ses jeux de réflexion et de stratégie. Son développement important, depuis sa création en 2002, a poussé sa dirigeante, Mme Revel à déménager les locaux pour investir dans un bâtiment disposant de plus d'espace. Les développeurs de l'entreprise ont également bénéficié de nouveaux outils informatiques modernes et de bureaux totalement neufs. Seulement, le personnel administratif utilise toujours les meubles de l'ancien site dont les couleurs ne correspondent pas aux tons du nouveau bâtiment. Mme Revel envisage enfin d'investir dans des ordinateurs neufs, notamment pour remplacer ceux des services comptable et commercial. Laurent, l'assistant de gestion de GAMING STUDIOS est chargé de suivre le processus d'investissement et de traiter l'acquisition des nouvelles immobilisations.

Les caractéristiques principales de l'organisation	
Type	Entreprise privée
Statut	Société par actions simplifiée à associé unique (SASU)
Taille	PME (Chiffre d'affaires de 831 800 €)
Les autres caractéristiques de l'organisation	
Nationalité	Française
Ressources humaines	56 salariés
Ressources financières	Capital social 915 000 € Résultat 135 700 €
Champ géographique	Européen

Découvrir

1 LA DIFFÉRENCE ENTRE LES CHARGES ET LES ACTIFS IMMOBILISÉS

Laurent doit trier les nombreuses factures reçues depuis l'entrée dans les nouveaux locaux de GAMING STUDIOS. Il distingue systématiquement les dépenses à court terme des investissements durables qui vont procurer des avantages économiques futurs pour la société. Ce tri lui permet d'éviter de réaliser des erreurs quand il enregistre les factures correspondantes aux biens et services acquis.

Document 1 **Comment distinguer une charge d'une immobilisation ?**

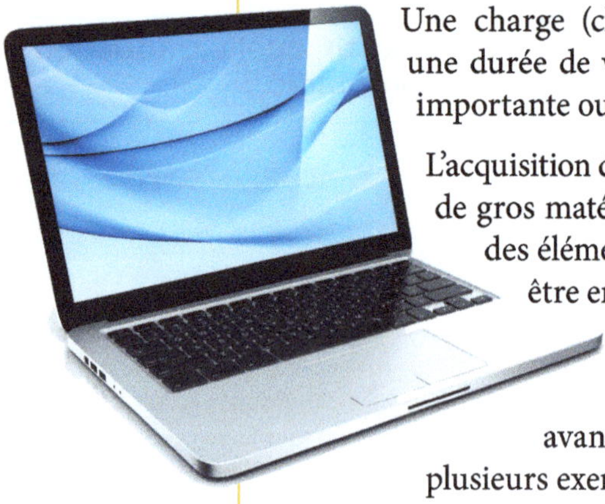

Une charge (classe 6) correspond à des dépenses liées à l'activité ayant une durée de vie limitée, à des services, à des biens dont la valeur est peu importante ou disparaissant durant la production.

L'acquisition d'un ordinateur ou de meubles d'une valeur de plus de 500 € HT, de gros matériel, des travaux, un véhicule… tous ces éléments constituent des éléments significatifs, restant durablement dans l'entreprise, devant être enregistrés en immobilisations (classe 2) et non en charges.

Ces investissements apportent une valorisation supérieure à l'entreprise en augmentant son patrimoine et en générant des avantages économiques futurs, c'est-à-dire des encaissements sur plusieurs exercices.

1 **Classifier dans le document suivant les biens acquis par GAMING STUDIOS.**

Biens acquis	Immo.	Charges	Justifications
Ordinateur de Mme Revel (1 500 € HT)			
Bureau MAMBO en chêne (350,00 € HT)			
Travaux d'aménagement des locaux			
Bureau droit en chêne (695,00 HT)			
Cartouches d'encre consommables			

2 **À partir du document 1 et de vos observations, définir la notion d'immobilisation.**

2 L'ACQUISITION D'UNE IMMOBILISATION CORPORELLE

Laurent reçoit le 15 novembre N la facture du bureau en chêne acheté au fournisseur d'immobilisation BUREAU VALLÉE. Cet investissement dans un bureau qui sera utilisé plusieurs années dans l'entreprise va impacter l'actif du bilan de GAMING STUDIO.

Document 2 **Facture d'acquisition d'un mobilier de bureau**

BUREAU VALLÉE Garches
213 Grande Rue
92 380 Garges

FACTURE n° 65569
Date 15/11/N

GAMING STUDIOS
Rue du 8 Mai
92 000 Nanterre

Réf	Description	Q	PU HT	Montant
BDC1	Bureau droit chêne	1	695,00	695,00
			TOTAL	695,00
			Remise 5 %	34,75
			Net commercial	660,25
			Frais de port forfaitaires	50,00
			TOTAL HT	710,25
			TVA à 20 %	142,05
			TOTAL TTC	**852,30**

Règlement comptant

Les **immobilisations corporelles** de la classe 21 sont enregistrées pour leur coût d'acquisition :
Coût d'acquisition = Prix d'achat net HT (après réductions obtenues) + Frais d'acquisition et de mise en service.

Document 3 **Enregistrement de la facture n° 65569**

		15/11/N		
218		Autres immo. corporelles		
44562		TVA déductible sur immo.		
	404	Fournisseurs d'immo.		
		Acquisition d'immobilisation (BUREAU VALLÉE)		

3 **Retrouver le coût d'acquisition du mobilier à partir de la facture n° 65569.**

4 **Terminer l'enregistrement de la facture n° 65569 (document 3).**

5 **Déterminer l'impact de cette écriture sur le bilan.**

3 L'AMORTISSEMENT D'UNE IMMOBILISATION

Laurent a enregistré la facture n° 65569 du 15 novembre N concernant le bureau en chêne, il doit maintenant procéder à la réalisation de son plan d'amortissement. GAMING STUDIOS a choisi d'utiliser ce mobilier mis en service le 1er décembre N pendant 4 ans. Laurent ne dispose pas d'information particulière sur les avantages économiques attendus de cette immobilisation. Il a donc retenu le mode d'amortissement linéaire.

L'**amortissement** définit la perte de valeur d'un bien immobilisé dont la valeur est déterminable et l'usage limité dans le temps. Il commence à la date de début de consommation des avantages économiques qui lui sont attachés, généralement à la date de mise en service du bien.
L'amortissement est déterminé par le **plan d'amortissement** établi en fonction de la durée et du mode d'amortissement de l'actif choisi par l'entreprise.

Document 4 **Plan d'amortissement linéaire - Bureau droit chêne**

Année	Base amortissable	Annuité d'amortissement	Amortissements cumulés	Valeur nette comptable (VNC)
N	710,25	14,80	14,80	695,45
N+1	710,25	177,56	192,36	
N+2	710,25	177,56	369,92	340,33
N+3	710,25	177,56		162,77
N+4	710,25			

6 **Retrouver le montant de l'annuité d'amortissement de N.**

7 **Compléter le document 4. Relier le montant de la VNC en N+4 à la durée d'utilisation du bureau.**

8 **Déterminer ce que représente la valeur nette comptable (VNC).**

9 **Préciser pourquoi ce plan d'amortissement peut être qualifié de linéaire.**

Laurent a enregistré l'acquisition d'un photocopieur pour un montant HT de 9 495 €. Au contraire du mobilier, il dispose d'informations sur l'utilisation future de l'appareil. En effet, on lui a transmis une estimation annuelle du nombre de photocopies effectuées pour les 4 années d'utilisation. Au final, on envisage que l'appareil fera 634 000 photocopies. En se basant sur ces données, Laurent peut réaliser le plan d'amortissement non linéaire du photocopieur.

Le **mode d'amortissement** doit permettre de traduire au mieux le rythme de consommation des avantages économiques attendus de l'actif par l'entité. Il est défini, soit en termes d'unités de temps (linéaire), soit en termes d'unités d'œuvre (non linéaire). Le mode linéaire est appliqué à défaut de mode mieux adapté.

Document 5 Enregistrement de la facture n° 65569

		18/11/N		
2183		Matériel de bureau		
		Acquisition d'immobilisation (photocopieur)		

Document 6 Plan d'amortissement non linéaire – Photocopieur

Année	Base amortissable	Nombre d'unités d'œuvre (photocopies)	Annuité d'amortissement	Amortissements cumulés	VNC
N	9 495,00	10 000,00	149,76	149,76	9 345,24
N+1	9 495,00	144 000,00			
N+2	9 495,00	150 000,00			
N+3	9 495,00	160 000,00			
N+4	9 495,00	170 000,00			

10 Enregistrer l'écriture d'acquisition du photocopieur (document 5).

11 Retrouver le montant de l'annuité d'amortissement de N du photocopieur. Compléter le document 6.

12 Définir le fonctionnement d'un plan d'amortissement non linéaire.

4 LA CESSION D'UNE IMMOBILISATION ET SON RÈGLEMENT

GAMING STUDIOS a vendu son ancien photocopieur à une entreprise voisine au prix de 400 € HT. Ce produit exceptionnel a été enregistré le 10 décembre N et payé le 25 décembre de la même année.

Document 7 Enregistrements de la cession du photocopieur et de son règlement

		10/12/N		
462		Créances sur cessions d'immo.	480,00	
	44571	TVA collectée		80,00
	775	Produits de cession des éléments d'actif		400,00
		Cession du photocopieur		
		25/12/N		
512		Banque		
		Règlement photocopieur (virement)		

13 **Solder la créance du client au 10/12/N en terminant l'enregistrement du règlement.**

14 **Repérer l'incidence de l'écriture de règlement de la cession sur la trésorerie.**

À retenir

LE PROCESSUS D'INVESTISSEMENT

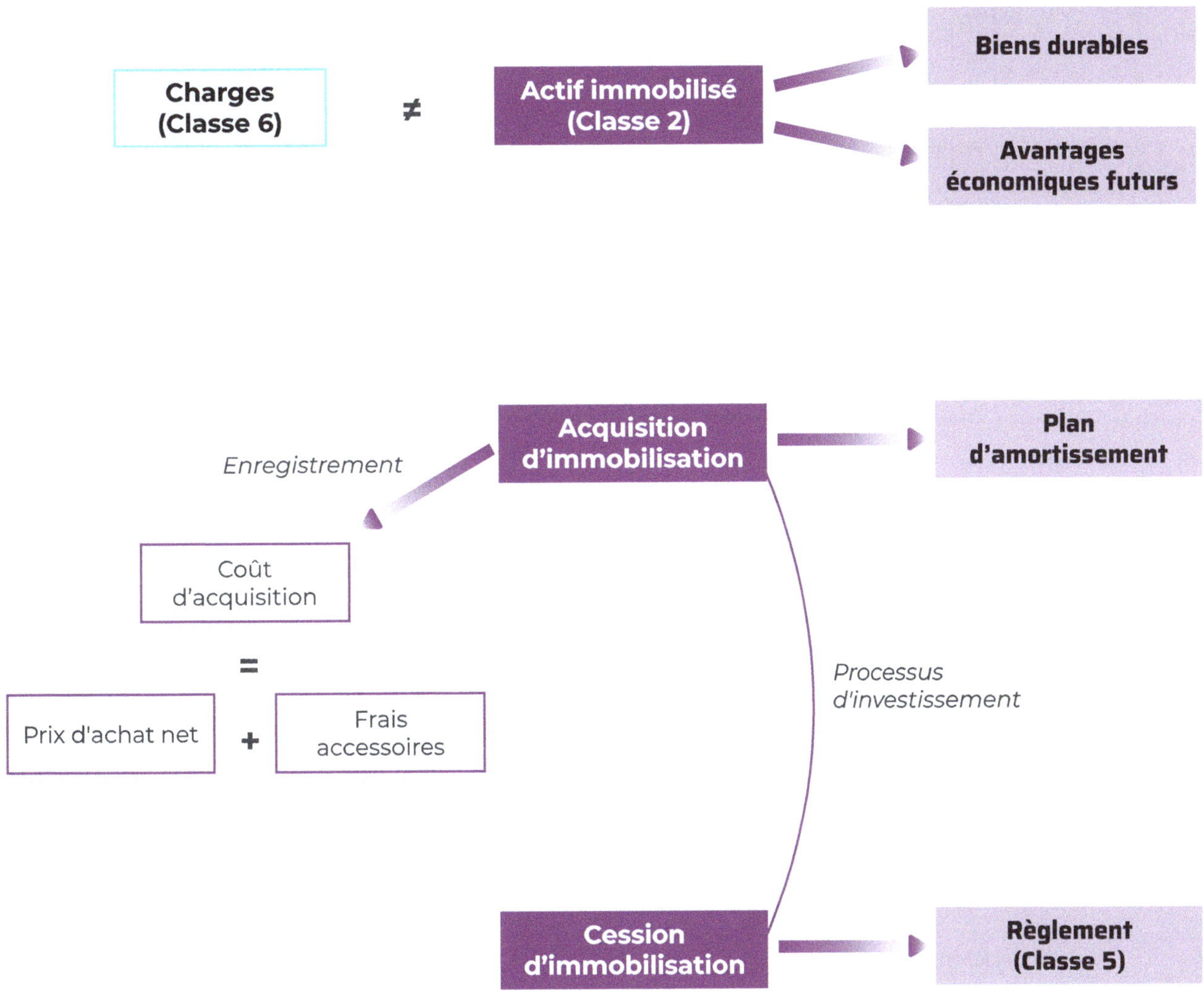

» LIEN AVEC LE MANAGEMENT, SCIENCES DE GESTION ET NUMÉRIQUE

Ressources financières : financement de l'investissement.

Se tester en ligne
https://eqrcode.co/a/RWQz70

Appliquer

Activité 1 Réaliser les mots croisés

https://eqrcode.co/a/rEEhaY

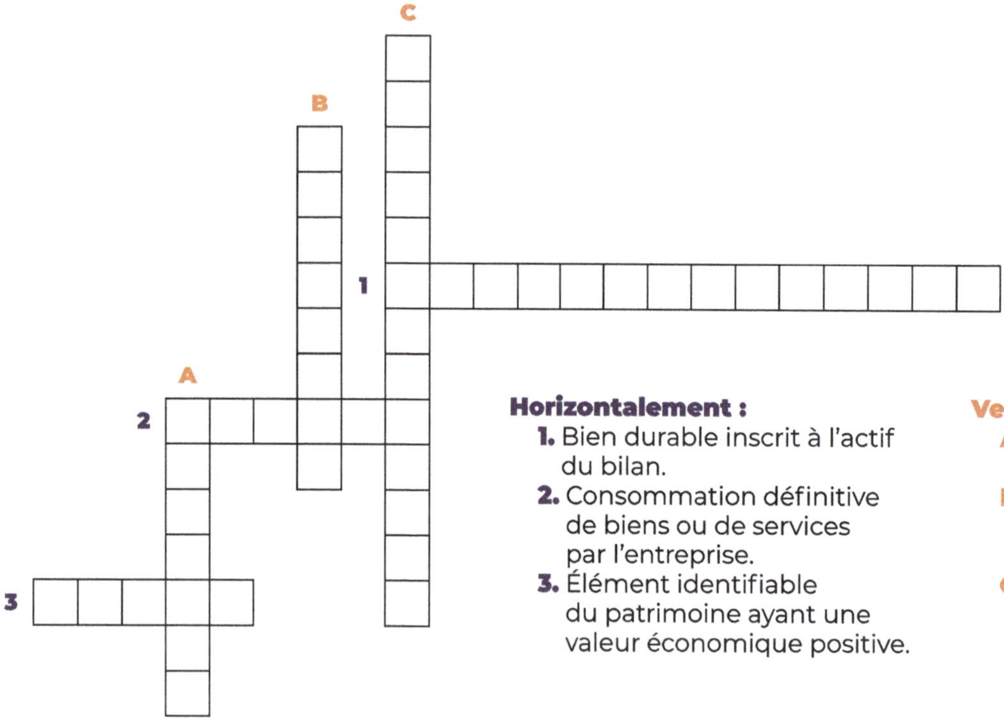

Horizontalement :

1. Bien durable inscrit à l'actif du bilan.
2. Consommation définitive de biens ou de services par l'entreprise.
3. Élément identifiable du patrimoine ayant une valeur économique positive.

Verticalement :

A. Action de vendre un actif immobilisé.
B. Méthode qui consiste à amortir sur toute la durée d'utilisation du bien.
C. Définit la perte de valeur d'un bien immobilisé de l'entreprise.

Activité 2 Amortir une immobilisation corporelle

KANGOUROU.xlsx

La société **KANGOUROU** a acquis le 1er janvier N, une nouvelle machine d'emballage et de conditionnement au coût d'acquisition de 15 000 € HT (TVA au taux normal).

Sa durée d'utilisation est de 5 ans et son mode d'amortissement est linéaire.

1 Compléter l'écriture d'acquisition en annexe 1.

2 Réaliser le plan d'amortissement correspondant (annexe 2).

Annexe 1 Écriture d'acquisition de la machine d'emballage

01/01/N

2154 | | Matériel industriel | |

Acquisition d'immobilisation (Machine d'emballage)

Annexe 2 Plan d'amortissement linéaire de la machine d'emballage

Année	Base amortissable	Annuité d'amortissement	Amortissements cumulés	Valeur nette comptable (VNC)
N				
N+1				
N+2				
N+3				
N+4				

Activité 3 Acquérir et céder du matériel industriel

L'entreprise **ADELINE** est spécialisée dans l'usinage numérique, la découpe laser, la mécano-soudure, le fraisage et la peinture industrielle. Cette jeune société en pleine croissance est installée dans la région Grand Est.

Partie 1 - Acquérir une machine de découpe laser

Le 9 septembre N, l'entreprise **ADELINE** a investi dans une machine de découpe laser avec robot de chargement et déchargement. La machine sera mise en service le 1er octobre N et amortie 5 ans en mode non linéaire en fonction du nombre de pièces fabriquées.

1 **Identifier le coût d'acquisition de la nouvelle machine de découpe laser (annexe 1).**

2 **Enregistrer l'acquisition de cette nouvelle machine au journal de l'entreprise ADELINE.**

3 **Retrouver le montant de la dotation aux amortissements de la machine au 31/12/N.**

Annexe 1 Corps de la facture d'acquisition de la nouvelle machine

Description	Q	PU HT	Montant
Machine de découpe laser avec robot	1	580 000	580 000
		Montant HT	580 000
		Frais de transport	5 000
		Frais d'installation	15 000
		Net commercial HT	600 000
		TVA 20 %	120 000
		Net à payer TTC	**720 000**

Annexe 2 Nombre de pièces fabriquées (prévisions)

Année	Nombre d'unités d'œuvre (pièces fabriquées)
N	150 000
N+1	800 000
N+2	750 000
N+3	760 000
N+4	740 000
Total	**3 200 000**

Partie 2 - Céder une machine de découpe laser

Le 10 juin N+5, l'entreprise **ADELINE** vend sa machine de découpe laser pour 150 000 HT à la SA LACHKAR. Son client règle son acquisition le 10 août N+5.

4 **Enregistrer les écritures de cession et de règlement au journal de l'entreprise ADELINE.**

5 **Préciser l'incidence de l'écriture de règlement de la cession sur le compte de résultat.**

Activité 4 Effectuer des plans d'amortissement

CANAYAKIN.xlsx

La **SASU CANAYAKIN** est une agence publicitaire spécialisée dans les produits et services destinés aux sportifs. La dirigeante Mme Tétefolle assure la comptabilité de l'agence à l'aide d'un progiciel de gestion intégré constitué de plusieurs modules complémentaires. Elle doit s'assurer que les investissements réalisés pour accueillir matériellement le nouveau commercial de l'entreprise ont été correctement enregistrés. La mise en service des immobilisations correspond à la date de facturation.

1 Préciser le(s) module(s) du PGI utilisé(s) pour saisir les données relatives à cet investissement. Identifier le module qui permettra de contrôler que les écritures générées ont été correctement passées.

2 Retrouver par le calcul le coût d'acquisition d'un véhicule utilitaire.

3 Passer au journal les écritures correspondantes aux deux factures.

4 Compléter les plans d'amortissement correspondants aux enregistrements.

5 Apprécier le choix de la SASU CANAYAKIN d'un plan d'amortissement non linéaire pour le fourgon.

6 Enregistrer la cession de l'ancien véhicule utilitaire (vendu 1 500 € HT).

Annexe 1 Les modules du PGI

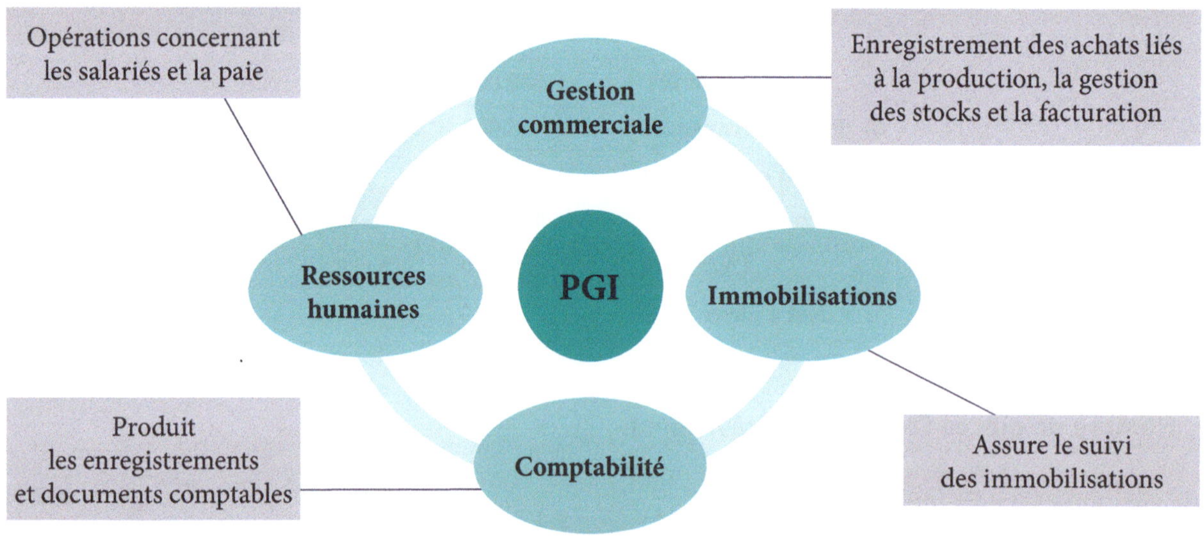

Annexe 2 Facture d'acquisition du nouveau véhicule commercial

Garage BOULLÉ
Rue Marcel Gamot
76200 DIEPPE

FACTURE FV2361

Date 01/11/N

SASU CANAYAKIN
Rue de la Pente
76200 DIEPPE

Description	Q	PU HT	Montant
NISSAN Fourgon Utilitaire	1	21 000,00	21 000,00
		Remise 5 %	1 050,00
		Frais de préparation	150,00
		TOTAL HT	20 100,00
		TVA à 20 %	4 020,00
		TOTAL TTC	**24 120,00**

Annexe 3 Facture d'acquisition du nouvel ordinateur

DARTY DIEPPE
Av. des Canadiens
76200 DIEPPE

FACTURE n° 23655221

Date 01/11/N

SASU CANAYAKIN
Rue de la Pente
76200 DIEPPE

Description	Q	PU HT	Montant
PACKARD BELL XPS	1	1 500,00	1 500,00
		TVA à 20 %	300,00
		TOTAL TTC	**1 800,00**

Annexe 4 Plan d'amortissement non linéaire – Fourgon utilitaire

Année	Base amortissable	Nombre d'unités d'œuvre (km)	Annuité d'amortissement	Amortissements cumulés	VNC
N		20 000			
N+1		28 000			
N+2		33 000			
N+3		33 000			
N+4		16 000			

Annexe 5 Plan d'amortissement linéaire (3 ans) – Ordinateur PACKARD BELL

Année	Base amortissable	Annuité d'amortissement	Amortissements cumulés	VNC
N				
N+1				
N+2				
N+3				

Activité 5 Étudier les étapes du processus d'investissement

ROBIL.xlsx

L'**entreprise ROBIL** est une entreprise fabricante de chaudières à huile thermique. Cette SASU offre des solutions clé-en-main, comprenant la conception, la fabrication, l'installation et la mise en route de ses chaudières.

Virginie l'associée unique considère que la qualité de la production passe par des investissements réguliers afin de maintenir l'appareil productif au plus haut niveau. Elle décide donc d'acquérir une nouvelle machine au coût de 62 850 € HT pour améliorer sa productivité. Cette dernière a été mise en service le 1er décembre N et est amortie en mode linéaire sur une durée de 5 ans.

Concernant l'ancienne machine acquise pour 47 500 € HT, la facture de vente (**annexe 2**) et son règlement devront être comptabilisés au journal. L'amortissement pratiqué jusqu'au 31 décembre N-1 était de 29 300 € et la dotation complémentaire N a été enregistrée pour 8 700 €.

1 Justifier le fait que l'achat de la nouvelle machine soit enregistré par la SASU comme étant une immobilisation et non une charge.

2 Compléter le plan d'amortissement de la nouvelle machine (annexe 1).

3 Retrouver la valeur nette comptable de la machine ancienne au moment de la cession.

4 Enregistrer la cession de la machine ancienne (annexe 2) et son règlement.

Annexe 1 Plan d'amortissement linéaire (nouvelle machine)

Année	Base amortissable	Annuité d'amortissement	Amortissements cumulés	Valeur nette comptable
N				
N+1				
N+2				
N+3				
N+4				
N+5				

Annexe 2 Facture de vente du matériel ancien

SASU ROBIL
1 Rue Luc Urbain
35580 GUICHEN

PRESTA' CASSE
17 rue Blaise Pascal
35580 GUICHEN

Facture du 15/11/N

	Montant
Machine ancienne HT TVA 20 %	3 850,00 770,00
Net à payer	4 620,00
Paiement à 30 jours fin du mois	

CHAPITRE 5

L'évaluation des immobilisations amortissables

CAPACITÉS » Expliciter les postes figurant au bilan et au compte de résultat.

NOTIONS » Exercice comptable. Inventaire. Documents de synthèse.
» Principes comptables : prudence, indépendance des exercices, continuité de l'exploitation, permanence des méthodes.
» Évaluations et traitements à la clôture de l'exercice : amortissements économiques, cession d'une immobilisation corporelle amortissable.

1.4 - Quelles sont les conditions pour communiquer une information comptable fidèle ?

Contexte C2G EXPERTISE

» MISE EN SITUATION

C2G EXPERTISE est un cabinet d'expertise-comptable situé à Paris dans le 4e arrondissement. Créé en 2011 par son associée unique, Mme Gardie, le cabinet a développé la réputation d'une structure fiable proposant un service irréprochable.

La clientèle de C2G EXPERTISE est variée, elle est composée de plusieurs studios de cinéma, ce qui permet aux collaborateurs de faire parfois des rencontres surprenantes.

Claire, la nièce de Mme Gardie, réalise un stage de découverte au cabinet durant les vacances de Noël.

Les caractéristiques principales de l'organisation	
Type	Entreprise privée
Statut	SARL unipersonnelle
Métier	Expertise comptable et commissariat aux comptes
Les autres caractéristiques de l'organisation	
Nationalité	Française
Ressources humaines	6 salariés
Ressources financières	Capital social : 10 000,00 €
Champ géographique	National

Découvrir

1 L'INVENTAIRE ET LES PRINCIPES COMPTABLES

Chaque exercice comptable (période de douze mois), les entreprises clientes du cabinet C2G EXPERTISE sont tenues légalement de réaliser un inventaire de leurs actifs et de leurs passifs. Jacky et Frédérique, les collaborateurs de Mme Gardie sont chargés de ces travaux. L'objectif est de donner une image fidèle du patrimoine de ces entreprises et d'apprécier leur capacité à dégager de la valeur.

Document 1 **Extrait d'une conversation dans la salle de repos**

Claire : Quel est l'intérêt de découper l'activité en période de douze mois ?

Jacky : Lorsqu'une entreprise approche de la date de clôture de son exercice, elle doit organiser des travaux d'inventaire comptable. Ce découpage permet de faire le point sur la situation de l'entreprise en établissant les documents de synthèse nécessaires au pilotage de l'entreprise.

Claire : Des travaux d'inventaire ?

Frédérique : L'inventaire est une obligation légale réalisée à la fin de l'exercice. Il consiste à effectuer un recensement des stocks et des immobilisations, par exemple.

Jacky : Après l'inventaire physique, il faut réaliser un inventaire comptable. Des enregistrements sont passés pour corriger certains éléments d'actif et de passif dans le respect des principes comptables.

Frédérique : Ces principes sont des règles définies par le Code de commerce. Ils permettent de rendre homogène la comptabilité afin de transmettre une information fiable et fidèle de la situation financière aux utilisateurs de la comptabilité.

Claire : Je comprends, cela permet aux dirigeants et aux actionnaires de prendre des décisions.

Frédérique : Oui, bien sûr, mais d'autres partenaires peuvent faire usage de ces travaux.

1 **Identifier l'ensemble des partenaires de l'entreprise (interne et externe) pouvant faire usage des documents de synthèse. Justifier.**

....

....

....

....

....

....

....

....

2 **Préciser l'intérêt pour l'administration fiscale d'un découpage sur douze mois de l'exercice comptable.**

....

....

....

....

3 **Relier chaque principe comptable à la définition qui lui correspond.**

Définition	Principe
L'entreprise est présumée poursuivre son exploitation au-delà de la date de clôture de l'exercice.	Prudence
Il faut éviter de transférer sur des exercices futurs des incertitudes présentes susceptibles de diminuer le patrimoine ou le résultat.	Indépendance des exercices
La vie de l'entreprise est découpée en exercices comptables d'une même durée (un an). Il s'agit de rattacher un acte comptable à l'exercice au cours duquel il a lieu.	Continuité de l'exploitation
Pas de changement de méthode de comptabilisation d'un exercice à l'autre.	Permanence des méthodes

4 **Dégager le rôle des principes comptables.**

2 L'ÉVALUATION DES IMMOBILISATIONS À LA CLÔTURE DE L'EXERCICE

C2G EXPERTISE a acquis un nouvel ordinateur SAMSUNG pour le bureau de Jacky au 1er décembre N. Le cabinet, comme toute entreprise doit réaliser ses travaux d'inventaire. Claire doit évaluer l'amortissement de l'ordinateur pour l'exercice N. Lors de l'acquisition, l'ordinateur a été enregistré au compte 2183 Matériel informatique pour un montant de 900 € HT (taux de TVA 20 %). Il est amorti en linéaire sur sa durée d'utilisation (3 ans).

5 **Compléter le plan d'amortissement de l'ordinateur (document 2).**

Document 2 **Plan d'amortissement linéaire – Ordinateur SAMSUNG**

Année	Base amortissable	Annuité d'amortissement	Amortissements cumulés	VNC
N				
N+1				
N+2				
N+3				

Document 3 **Enregistrement de la dotation aux amortissements de l'ordinateur au 31/12/N**

		31/12/N		
6811		Dotations aux amortissements immo. corporelles		
	28183	Amortissements du matériel informatique		
		Dotation amortissement N (SAMSUNG)		

6 Terminer l'enregistrement de l'écriture nécessaire au 31 décembre N (document 3). Justifier l'utilisation des comptes 6811 et 28183.

7 Identifier les incidences comptables de la dotation aux amortissements (document 3) sur le bilan, le compte de résultat et la trésorerie.

8 Repérer pour chacun des éléments suivants le principe comptable correspondant.

Principe	Illustration avec l'amortissement de l'ordinateur
	L'amortissement de l'ordinateur SAMSUNG peut se faire sur plusieurs années. On considère que C2G EXPERTISE va continuer son activité après la clôture de l'exercice N. Elle peut donc répartir des coûts d'investissements sur plusieurs exercices comptables successifs.
	La perte probable de valeur de l'ordinateur, même si elle n'a lieu que lors de l'exercice suivant, doit être prise en considération et faire l'objet d'une dotation aux amortissements venant diminuer le résultat de l'année en cours.
	Si C2G EXPERTISE achète chaque année des ordinateurs et qu'elle a amortis sur 3 ans ses premiers ordinateurs, elle devra continuer à amortir les autres sur la même durée.

3 LA CESSION D'UNE IMMOBILISATION CORPORELLE AMORTISSABLE

Le 1er novembre N, Mme Gardie a décidé de céder le meuble secrétaire qui siégeait dans l'entrée du cabinet depuis sa création au prix de 700 € HT (taux de TVA 20 %). À l'inventaire, cette opération exceptionnelle nécessite que Claire enregistre la dotation aux amortissements du mobilier (en prenant en compte la date de sa cession), mais également la sortie du bien du patrimoine de C2G EXPERTISE.

9 Enregistrer la cession du meuble au 1er novembre N (document 4).

Document 4 **Enregistrement de la cession du meuble**

Document 5 **Extrait du plan d'amortissement linéaire sur 10 ans – Meuble secrétaire**

Année	Base amortissable	Annuité d'amortissement	Amortissements cumulés	VNC
N-1	2 000,00	200,00	1 416,67	583,33
N	2 000,00	200,00	1 616,67	383,33
N+1	2 000,00	200,00	1 816,67	183,33

10 **Calculer l'annuité d'amortissement de N en prenant en compte la date de cession du meuble. Enregistrer la dotation aux amortissements complémentaire (document 6).**

Document 6 **Enregistrement de la dotation aux amortissements du meuble secrétaire**

Document 7 **Enregistrement de la sortie du meuble du patrimoine**

		31/12/N		
675		VNC des éléments d'actifs cédés		
28184		Amortissement du mobilier		
				2 000,00
		Sortie du meuble secrétaire		

11 **Retrouver, à la date de cession du meuble, le montant de la valeur comptable de l'actif, puis les amortissements cumulés. Terminer l'enregistrement (document 7).**

12 **Évaluer le montant de la plus-value réalisée par C2G EXPERTISE sur la cession du meuble.**

En comptabilité, pour connaître le montant de la **plus ou moins-value**, il faut faire la différence entre les comptes 675 et 775.

4 L'INCIDENCE DES OPÉRATIONS D'INVENTAIRE SUR LES DOCUMENTS DE SYNTHÈSE

Claire analyse l'impact de l'acquisition de l'ordinateur SAMSUNG et de la cession du meuble secrétaire sur les documents de synthèse. Ce sont les seuls mouvements constatés sur les postes « mobilier » et « matériel informatique » lors de l'exercice N.

L'INCIDENCE DES AMORTISSEMENTS SUR LES DOCUMENTS DE SYNTHÈSE

L'incidence sur le bilan : une immobilisation (classe 2) fait toujours partie du patrimoine tant qu'elle n'a pas été cédée. Elle est donc maintenue à l'actif du bilan, même si elle est complètement amortie.

Extrait de l'actif du bilan (après inventaire)

ACTIF	*Exercice N*		
	Brut	*Amortissement*	*Net*
Immobilisations	→ *Valeur d'origine*	→ *Cumul des amortissements pratiqués*	↑ *Valeur nette comptable (VNC)*

La colonne « amortissement » traduit la perte de valeur de l'immobilisation entre sa date d'acquisition et la date de clôture de l'exercice. La VNC traduit la valeur économique du bien à la date d'arrêté des comptes.

L'incidence sur le compte de résultat : les dotations aux amortissements comptabilisées lors de chaque inventaire (compte 681) sont des charges calculées, c'est-à-dire qu'elles n'ont pas pour contrepartie une sortie de trésorerie. Toutefois, elles diminuent le résultat comme toutes les charges.

13 **Analyser l'impact de la sortie du patrimoine du meuble secrétaire sur l'actif du bilan au 31/12/N.**

Document 8 **Extraits de l'annexe au 31/12/N**

Tableau des immobilisations	**Valeur brute à l'ouverture de l'exercice**	**Augmentations** (acquisitions)	**Diminutions** (pour la valeur d'acquisition des biens cédés)	**Valeur brute à la fin de l'exercice**
Matériel informatique	14 000			
Mobilier	19 500			

Tableau des amortissements	**Amortissements cumulés en début d'exercice**	**Augmentations** (dotations de l'exercice)	**Diminutions** (montant des amort. cumulés des biens cédés)	**Amortissements cumulés à la fin de l'exercice**
Matériel informatique	2 300			
Mobilier	4 700			

L'annexe a pour objectif d'apporter des informations pour aider à la compréhension du bilan et du compte de résultat.

14 **Compléter le tableau des immobilisations et le tableau des amortissements (document 8).**

15 **Identifier en quoi les informations de l'annexe permettent de compléter le bilan.**

L'ÉVALUATION DES IMMOBILISATIONS AMORTISSABLES

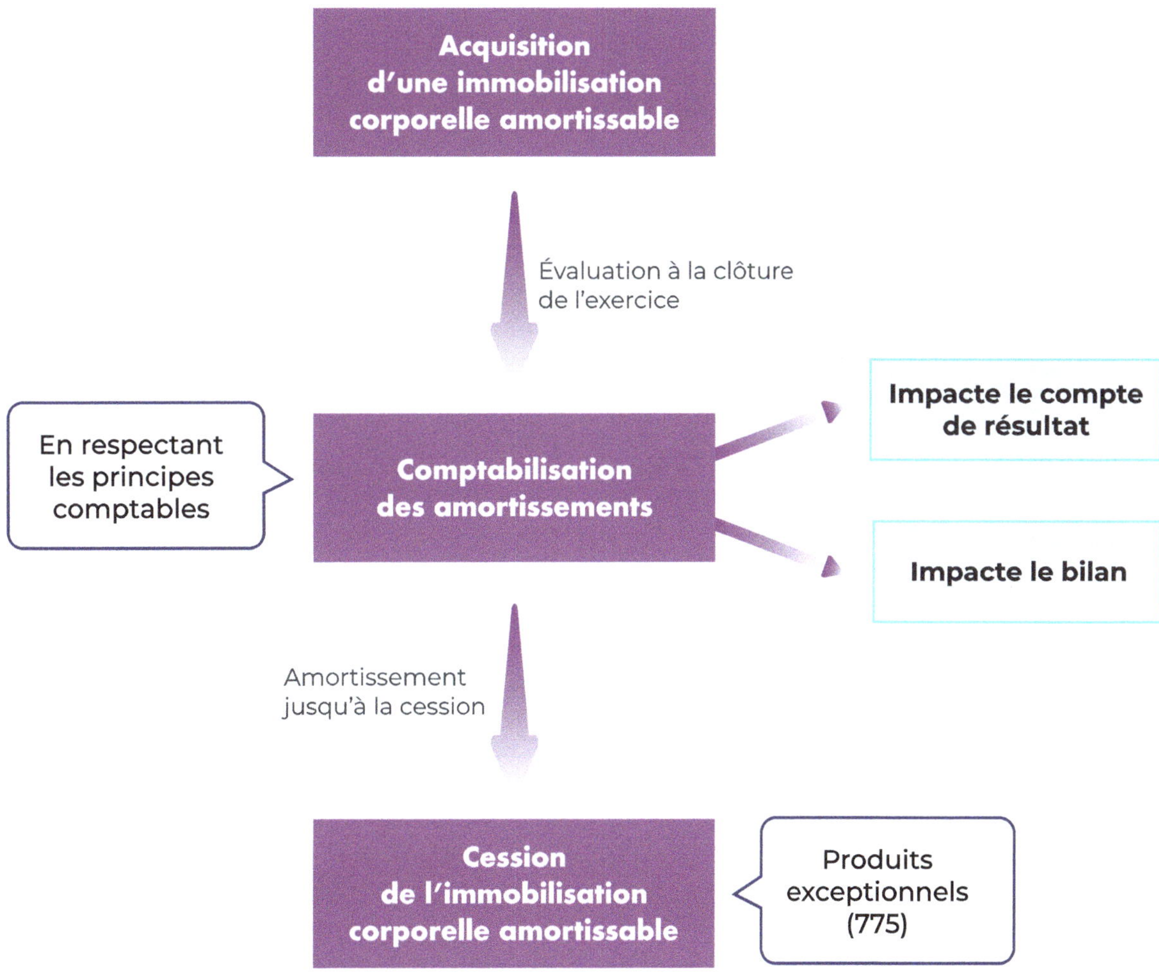

Sortie du patrimoine

675		VNC	X	
281		Amortissements	X	
	21	Immo. corporelles		X

Dotation complémentaire

681		Dotations aux amort.	X	
	281	Amortissements		X

Se tester en ligne
https://eqrcode.co/a/TsWTa2

» LIEN AVEC LE MANAGEMENT, SCIENCES DE GESTION ET NUMÉRIQUE

Création de valeur : indicateurs extraits du compte de résultat et du bilan.
Communication financière : les besoins d'information financière des partenaires internes et externes.
Principes de la normalisation comptable et information financière, transparence des pratiques.

Appliquer

https://eqrcode.co/a/g4Oci9

Activité 1 Tester ses connaissances

Affirmations	Vrai	Faux	Justifications
Les méthodes comptables d'évaluation et de présentation des comptes doivent être les mêmes d'un exercice sur l'autre.	☐	☐	
Les écritures de dotation aux amortissements ont un impact sur la trésorerie de l'entreprise.	☐	☐	
Lors de la sortie du patrimoine de l'immobilisation cédée, on enregistre la valeur nette comptable dans le compte 775.	☐	☐	
Lors de la sortie du patrimoine de l'immobilisation corporelle cédée, un compte 21 est débité.	☐	☐	
Lors de la vente d'une immobilisation amortissable, il faut calculer des amortissements complémentaires jusqu'à la date de cession.	☐	☐	

Activité 2 Acquérir une immobilisation et la sortir du patrimoine

BOUET_&_CO.xlsx

Partie 1 - Le traitement de l'investissement et l'amortissement à l'inventaire

La **société BOUET & CO** est une entreprise manufacturière spécialisée dans la production de moteurs pour bateaux.

Elle fait l'acquisition d'une machine au prix d'acquisition de 55 000 € HT au taux de TVA de 20 %. Cette machine-outil sera amortie en mode non linéaire en fonction du nombre d'heures d'utilisation prévues de la machine.

Annexe 1 Heures d'utilisation

Année	Nombre d'unités d'œuvre
N	1 800
N+1	3 600
N+2	3 600
N+3	3 600
N+4	900
Total	**13 500**

1 Enregistrer l'acquisition de la machine-outil au journal de BOUET & CO.

2 Compléter le plan d'amortissement correspondant.

3 Déterminer en quoi la constatation de l'amortissement de la machine-outil respecte le principe de prudence.

4 Enregistrer la dotation aux amortissements de la machine au 31/12/N. Apprécier son incidence sur le résultat et sur la trésorerie.

Annexe 2 Plan d'amortissement non linéaire (machine-outil)

Année	Base amortissable	Calculs	Annuité	Amortissements cumulés	VNC
N	55 000,00				
N+1	55 000,00				
N+2	55 000,00				
N+3	55 000,00				
N+4	55 000,00				

Partie 2 - La cession d'une immobilisation amortissable et ses incidences

La machine-outil est cédée le 1er décembre N+3 au prix de 7 000 € HT. Le règlement est effectué par virement le 15 décembre N+3.

Le montant de la dotation aux amortissements complémentaires de l'année N+3 est estimé à 13 444€.

1 **Enregistrer la cession de la machine-outil et son règlement au journal de l'entreprise.**

2 **Comptabiliser la sortie du patrimoine et la dotation aux amortissements complémentaire de la machine-outil au 31/12/N.**

3 **Préciser le montant de la moins-value ou de la plus-value de cession. Analyser son impact sur le compte de résultat de l'exercice N+3.**

4 **Compléter les tableaux des immobilisations et des amortissements au 31/12/N+3.**

Annexe 3 Extraits de l'annexe au 31/12/N+3

Tableau des immobilisations	Valeur brute à l'ouverture de l'exercice	Augmentations (acquisitions)	Diminutions (cessions)	Valeur brute à la fin de l'exercice
Matériel industriel	350 000			

Tableau des amortissements	Amortissements cumulés en début d'exercice	Augmentations (dotations de l'exercice)	Diminutions d'amortissements de l'exercice	Amortissements cumulés à la fin de l'exercice
Matériel industriel	105 000			

Activité 3 Sortir une immobilisation corporelle amortissable du patrimoine

TEXTILNET.xlsx

TEXTILNET est une entreprise industrielle de vente en ligne. Elle est spécialisée dans l'impression de t-shirt et autres vêtements personnalisés (sweat, tote bag, tablier, coussin...).

Afin de rester à la pointe technologiquement, **TEXTILNET** souhaite remplacer l'une de ses presses pneumatiques acquise 36 550,00€ HT en N-4 par un modèle plus récent. La presse obsolète est cédée le 30 juin N et l'entreprise doit comptablement la faire sortir de son patrimoine. Une nouvelle presse pneumatique est acquise en N pour un coût total de 86 000 HT.

1 **Identifier le mode d'amortissement utilisé pour amortir la presse pneumatique (annexe 1).**

2 **Retrouver les données manquantes du tableau d'amortissement fourni en annexe 1. Justifier les calculs.**

3 **Évaluer le montant de la dotation aux amortissements complémentaire de l'année N en prenant en compte la date de cession de l'immobilisation.**

4 **Enregistrer les écritures d'inventaire permettant de constater la sortie du patrimoine et la dotation aux amortissements complémentaire de la presse pneumatique obsolète au 31/12/N.**

5 **Préciser l'impact de l'écriture de dotation aux amortissements sur le bilan et le compte de résultat.**

6 **Compléter le tableau des immobilisations (annexe 2).**

Annexe 1 Plan d'amortissement de la presse pneumatique

Coût d'acquisition : 36 550,00 €
Durée : 5 ans
Date de mise en service : 01/09/N-4

Année	Base amortissable	Annuité d'amortissement	Amortissements cumulés	VNC
N-4	36 550,00	2 436,67	2 436,67	34 113,33
N-3	36 550,00		9 746,67	
N-2	36 550,00	7 310,00	17 056,67	19 493,33
N-1	36 550,00	7 310,00	24 366,67	12 183,33
N	36 550,00	7 310,00	31 676,67	4 873,33
N+1	36 550,00		36 550,00	

Annexe 2 Extraits de l'annexe au 31/12/N (tableau des immobilisations)

Tableau des immobilisations	Valeur brute à l'ouverture de l'exercice	Augmentations	Diminutions	Valeur brute à la fin de l'exercice
Terrains	25 000	-	10 000	15 000
Presse pneumatique	90 400			

Activité 4 Préparer les documents de synthèse

La **SARL PRO BTP** est spécialisée dans le secteur d'activité des travaux de maçonnerie générale et gros œuvre de bâtiment.

1 Préciser le montant de la dotation aux amortissements du camion MITSUBISHI concernant l'année N.

2 Enregistrer toutes les écritures relatives à la cession du camion (cession au 15 mai N, sortie du patrimoine et dotation complémentaire).

3 Évaluer la plus ou moins-value réalisée sur la cession du camion.

4 Retrouver le montant de la dotation aux amortissements au 31/12/N concernant l'outillage industriel. Enregistrer l'écriture nécessaire.

5 Présenter l'extrait du bilan et du compte de résultat au 31/12/N (annexe 2).

Annexe 1 Informations sur les immobilisations corporelles de la SARL PRO BTP

Immobilisation		Date de mise en service	Coût d'acquisition (HT en €)	Durée d'utilisation	Mode d'amortissement	Cumul des amortissements jusqu'au 31/12/N-1
Outillage industriel	Bétonnière non tractable	01/01/N-1	2 000	5 ans	Linéaire	400
	Cabine de sablage	30/06/N-2	8 500	10 ans	Linéaire	1 275
Matériel de transport	Camion MITSUBISHI*	06/05/N-2	42 000	5 ans	Non linéaire	16 000

***** *Le camion MITSUBISHI est l'unique matériel de transport présent actuellement au bilan. Il est amortissable en fonction du nombre de kilomètres parcourus (estimations). Le nombre total de kilomètres parcourus sur 5 ans est estimé à 80 000. En N, il a roulé 16 000 km et a été cédé le 15 mai pour un montant de 8 000 HT (TVA au taux normal).*

Annexe 2 Extraits de bilan et de résultat au 31/12/N

ACTIF	Brut	Amortissements	Net
Actif immobilisé			
Outillage industriel			
Matériel de transport			

CHARGES	N
Charges d'exploitation	
Dotation aux amortissements	

Activité 5 Constater l'impact de l'amortissement sur le bilan

NAPOLITA.xlsx

Éric est le gérant du restaurant italien **NAPOLITA**. Il a décidé d'investir dans un nouveau four permettant de cuire des pizzas géantes, nouvelle attraction de son enseigne.

La livraison et la mise en service de ce four sont intervenues le 1er juillet N. Éric estime pouvoir utiliser ce four durant huit années (amortissement linéaire).

1. **Enregistrer l'acquisition du four et son règlement.**
2. **Présenter le plan d'amortissement du four (annexe 2).**
3. **Enregistrer la dotation aux amortissements du four au 31/12/N.**
4. **Compléter les extraits du bilan relatifs au four pour les exercices N et N+1.**

Annexe 1 Facture d'acquisition du four

PIERRE À PIZZA
Rue Royale
75001 Paris

Facture 07-99

Date 01/07/N

DOIT NAPOLITA
Rue Restout
14000 Caen

Description	Qté	PU HT	Montant
Four à pizza AMALFI	1	8 600,00	8 600,00
		Sous total HT	8 600,00
		Frais de port	150,00
		Montant HT	8 750,00
		TVA à 20 %	1 750,00
		Net à payer	**10 500,00**

Remarques : règlement comptant

Annexe 2 Plan d'amortissement linéaire du four (8 ans)

Année	Base amortissable	Annuité d'amortissement	Amortissements cumulés	VNC
N				
N+1				
N+2				
N+3				
N+4				
N+5				
N+6				
N+7				
N+8				

Annexe 3 Extrait de l'actif du bilan au 31/12/N (après inventaire)

ACTIF	Exercice N		
	Brut	Amortissement	Net
Four			

Annexe 4 Extrait de l'actif du bilan au 31/12/N+1 (après inventaire)

ACTIF	Exercice N+1		
	Brut	Amortissement	Net
Four			

CHAPITRE 6

L'évaluation des stocks et la dépréciation des actifs

CAPACITÉS » Expliciter les postes figurant au bilan et au compte de résultat.

NOTIONS » Inventaire. Documents de synthèse.
» Principes comptables : prudence, permanence des méthodes.
» Évaluations et traitements à la clôture de l'exercice : stocks, dépréciations des actifs.

1.4 - Quelles sont les conditions pour communiquer une information comptable fidèle ?

Contexte Matelas du Blavet

» MISE EN SITUATION

Matelas du Blavet

Créé en 2008 en plein cœur de la Bretagne, MATELAS DU BLAVET est un magasin spécialisé dans la literie. Les époux Rivière proposent dans leur commerce des matelas de grandes marques d'une qualité exceptionnelle. MATELAS DU BLAVET prend soin du sommeil des Bretons avec un grand nombre de références. L'encombrement généré par la taille des produits commercialisés fait de la gestion des stocks un élément clé de l'organisation du magasin.

L'enseigne a décidé de fermer ses portes le 3 janvier pour réaliser l'inventaire physique des stocks. La comptable Mme Fontaine est chargée de comparer l'inventaire réalisé par les salariés avec les données comptables issues du PGI. Elle devra également traiter les actifs pour lesquels elle a constaté une perte de valeur.

Les caractéristiques principales de l'organisation	
Type	Entreprise privée
Statut	SARL
Secteur d'activité	Tertiaire : commerce
Les autres caractéristiques de l'organisation	
Nationalité	Française
Ressources humaines	8 salariés
Ressources financières	Capital social : 97 400 €
Ressources matérielles	Camionnette de livraison
Champ géographique	Local

Découvrir

1 L'ÉVALUATION ET LE TRAITEMENT DES STOCKS

Emmanuel Payet, vendeur du magasin MATELAS DU BLAVET, a réalisé l'inventaire physique des stocks comme chaque année avec l'ensemble de ses collègues. En binôme, il a compté manuellement les produits stockés pendant qu'un autre salarié élaborait un état de comptage.

Les **stocks** sont des biens inscrits à l'actif circulant du bilan. L'entreprise doit s'assurer que leur valeur donne une image fidèle du patrimoine. Dans une entreprise exerçant une activité commerciale d'achat/revente, les stocks correspondent aux marchandises achetées mais qui n'ont pas encore été revendues.

Document 1 Extrait d'une conversation entre les salariés de MATELAS DU BLAVET

M. Payet : Avez-vous reçu nos fiches de stock pour l'inventaire physique ?
Mme Fontaine : Oui, merci. Vous avez fait du bon travail comme chaque année. Je vais pouvoir ajuster la valeur des stocks avec <u>la méthode d'évaluation habituelle du magasin</u>.
M. Payet : Mobiliser tous les salariés durant une journée entière. C'est vraiment utile ?
Mme Fontaine : <u>L'inventaire physique est obligatoire une fois par an</u>. En plus, votre travail va me permettre d'identifier d'éventuels écarts entre les données comptables enregistrées sur le PGI et les quantités réelles que vous avez recensées. En comptabilité, il est essentiel d'offrir une image fidèle de la réalité de l'entreprise.
M. Payet : Pourquoi y aurait-il des écarts ?
Mme Fontaine : De manière générale, une entreprise peut se faire voler, subir des dégradations, avoir de la perte si vous vendez des produits périssables et bien sûr, des erreurs de saisie peuvent avoir été commises lors de l'entrée des informations sur le logiciel.

1 **Identifier d'autres types de stocks que ceux possédés par cette entreprise commerciale.**

2 **Préciser l'intérêt pour MATELAS DU BLAVET de réaliser un inventaire physique.**

3 **Repérer les principes comptables sous-entendus dans les phrases soulignées.**

LA VARIATION DE STOCK DE MARCHANDISES OU DE MATIÈRES PREMIÈRES

Une variation de stocks qui correspond à un stockage a pour effet de réduire les charges. Au contraire, un déstockage correspond à une consommation supplémentaire, donc à un accroissement de charges pour l'exercice.

Variation de stock = Stock initial – Stock final = SI – SF

À l'issue de l'inventaire, la valeur du stock final de matelas au 31 décembre de l'année N s'élève à 142 000 €. Le stock au 1er janvier était de 120 000 € de marchandises.

4 **Évaluer et préciser l'incidence de la variation des stocks de matelas pour l'exercice N sur le compte de résultat.**

Les enregistrements relatifs aux stocks consistent à annuler le stock de début d'exercice pour comptabiliser le stock de fin d'exercice de l'entreprise.

Pour **constater le stock final** à la clôture de l'exercice, il faut :

- faire apparaître le stock à l'actif du bilan en débitant un compte de stock (classe 3) ;
- annuler la charge passée par anticipation, en créditant un compte de charge (classe 6).

Pour **annuler le stock constaté en début d'exercice**, il faut annuler les comptes préalablement utilisés.

Document 2 **Extrait du plan comptable de MATELAS DU BLAVET**

Comptes d'actif	Comptes de charges
3 - Comptes de stocks	603 - Variations des stocks
37 - Stocks de marchandises	6037 - Variations des stocks de marchandises
	607 - Achats de marchandises

Document 3 **Régularisation des stocks au 31/12/N**

31/12/N

Annulation du stock initial

31/12/N

Constatation du stock final

5 **Terminer les écritures de régularisation des stocks au 31 décembre N et préciser leur objectif.**

6 **Compléter l'extrait de bilan au 31/12/N (document 4).**

Document 4 **Extrait de l'actif du bilan au 31/12/N (après inventaire)**

ACTIF	Brut	Amortissement	Net
ACTIF CIRCULANT **Stocks et en-cours** Marchandises			

2 LA DÉPRÉCIATION DES ACTIFS : EXEMPLE DES STOCKS

Emmanuel a constaté à l'occasion de l'inventaire physique des matelas, qu'une partie du stock était endommagée. Il a transmis les informations à Mme Fontaine en charge des opérations d'inventaire. Celle-ci a estimé la perte probable de valeur du stock à 1 700 €. Cette perte n'est pas encore réalisée mais Mme Fontaine souhaite enregistrer une dépréciation pour ne pas transférer sur l'exercice N+1 une incertitude constatée en N.

La dépréciation d'un élément d'actif est la constatation que le bien (terrain, créances sur le client, stock...) a perdu de sa valeur. Ce phénomène peut avoir des causes externes ou internes.

Montant de la dépréciation = valeur d'entrée dans le patrimoine - valeur à l'inventaire.

Lors d'une dépréciation, l'entreprise enregistre d'un côté un appauvrissement de l'entreprise (constaté en compte de charge 681) et de l'autre une dépréciation du patrimoine de l'entreprise au crédit des comptes d'actifs concernés avec un 9 en deuxième position.

Exemples : *21 – Immobilisations corporelles → 291. Dépréciations des immobilisations corporelles*
31 – Stocks de matières premières → 391. Dépréciation des matières premières
41 – Clients et comptes rattachés → 491. Dépréciation des comptes de clients

Document 5 — Enregistrement de la dépréciation des stocks

		31/12/N		
		D'après inventaire		

7 **Identifier le principe comptable sur lequel s'appuie Mme Fontaine. Compléter le document 5.**

Au 31/12/N+1, Mme Fontaine doit annuler les écritures de dépréciations des exercices précédents, c'est une obligation légale. Elle devra réaliser une reprise de la totalité de la dépréciation du 31/12/N et ensuite enregistrer la nouvelle dépréciation du stock pour N+1 de 500 €.

Document 6 — Enregistrement d'annulation de la dépréciation des stocks de N (Reprise)

		31/12/N+1		
397		Dépréciation des stocks de marchandises		
	781	Reprises sur dépréciations		
		D'après inventaire		

Document 7 — Enregistrement de la dépréciation des stocks de N+1

		31/12/N+1		
		D'après inventaire		

8 **Terminer les enregistrements des documents 6 et 7.**

9 **Analyser l'influence de l'écriture d'annulation de la dépréciation de l'année N sur le compte de résultat et la trésorerie.**

3 LA DÉPRÉCIATION DES ACTIFS : EXEMPLE DES CRÉANCES CLIENTS

MATELAS DU BLAVET rencontre parfois des difficultés à recouvrer les règlements de ses clients professionnels. En effet, l'entreprise est le fournisseur privilégié de plusieurs hôtels de la région mais les délais de paiement de ses clients ne cessent de s'allonger. Sa difficulté à être réglée dans les délais est à l'origine de certains problèmes de trésorerie.

Mme Fontaine doit régulariser les comptes de l'entreprise en enregistrant les dépréciations correspondantes aux risques et incertitudes liés aux paiements des clients.

Document 8 Mémo sur la situation des créances au 31/12/N

Concernant la créance du client **ETS DUBOIS**, la somme est définitivement perdue. Le client est insolvable. La créance est irrécouvrable.
SARL PRIME – créance de 2 800,00 € : la perte probable sera de 40 % ;
JONOT EURL – solde dû est de 6 400,00 € : la perte estimée à 30 % ;
HÔTEL JEANNE – créance de 2 800,00 € : ce client devrait pouvoir régler 20 % de la somme due.
Taux de TVA est de 20 %.

Créance douteuse

Lorsqu'une entreprise est confrontée à la situation où un client peine à payer sa créance, ou qu'il existe un litige sur la créance, elle doit par principe de prudence, si la perte est probable, mais pas encore certaine, justifier d'une écriture de dotation aux dépréciations.

Document 9 Tableau des créances douteuses au 31/12/N

Clients	Créances au 31/12/N		Dépréciations nécessaires au 31/12/N		Dépréciations antérieures au 31/12/N-1	Ajustements		Créances irrécouvrables	
	TTC	HT	%	Montant		Dotations	Reprises	Montant HT	TVA
PRIME	2 800,00		40 %	933,33		933,33			
DUBOIS	900,50	750,42			200,00				
JONOT	6 400,00	5 333,33	30 %		1 800,00				
JEANNE	2 800,00	2 333,33	20 %		150,00				
			Totaux		2 150,00				

10 Distinguer les notions de créances douteuses et de créances irrécouvrables. Qualifier le client PRIME.

11 Montrer que le principe de prudence ne s'applique plus à la dotation pour dépréciation de N-1 du client DUBOIS.

12 Compléter le tableau des créances douteuses (document 9).

Document 10 Écritures de régularisations des créances

		31/12/N		
416		Clients douteux		
	411	Clients		
		Créance PRIME devenue douteuse		
		31/12/N		
681		Dotations aux dépréciations		
		D'après le tableau des créances douteuses (dotation)		
		31/12/N		
			400,00	
				400,00
		D'après le tableau des créances douteuses (reprise)		
		31/12/N		
654		Pertes sur créances irrécouvrables	750,42	
44551		TVA à décaisser		
		D'après le tableau des créances douteuses		

13 **Terminer les enregistrements au journal de MATELAS DU BLAVET (document 10).**

4 L'INCIDENCE DES DÉPRÉCIATIONS SUR LES DOCUMENTS DE SYNTHÈSE

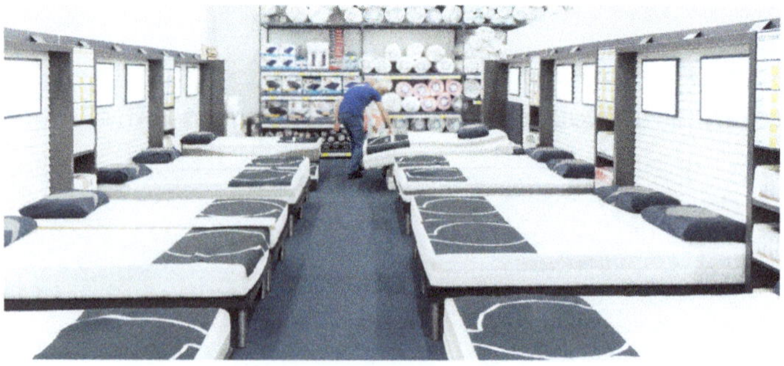

Toutes les opérations d'inventaire sont terminées. Mme Fontaine va pouvoir clore cette semaine en analysant l'impact de ses travaux comptables sur les documents de synthèse de MATELAS DU BLAVET.

14 **Retrouver l'impact des enregistrements de régularisation des créances (document 10) sur le compte de résultat de l'entreprise au 31/12 N.**

Document 11 Extrait de l'annexe au 31/12/N (tableau des dépréciations)

Tableau des dépréciations	Dépréciations en début d'exercice	Augmentations (dotations de l'exercice)	Diminutions (reprises de l'exercice)	Dépréciations à la fin de l'exercice
Stocks	0			
Créances clients	2 150[1]			

[1] *Dépréciations au 31/12/N-1 (document 9).*

Document 12 Bilan de MATELAS DU BLAVET 31/12/N

ACTIF	Brut	Amort. & Dépréciations	Net	PASSIF	Net
ACTIF IMMOBILISÉ				**CAPITAUX PROPRES**	
Immobilisations incorporelles	0	0	0	Capital	97 400
Immobilisations corporelles	120 000	37 200	82 800	Réserves	25 000
Immobilisations financières	0	0	0	Résultat de l'exercice	41 000
TOTAL 1	**120 000**	**37 200**	**82 800**	**TOTAL 1**	**163 400**
ACTIF CIRCULANT				**DETTES**	
Stocks	142 000			Emprunts	87 000
Créances clients	38 000			Dettes fournisseurs	8 700
Disponibilités	3 000	0	3 000	Autres dettes	2 000
TOTAL 2	**183 000**			**TOTAL 2**	**97 700**
TOTAL GÉNÉRAL	**303 000**			**TOTAL GÉNÉRAL**	**261 100**

15 Compléter le tableau des dépréciations de l'annexe (document 11).

16 Identifier l'intérêt du tableau des dépréciations figurant dans l'annexe.

17 Terminer le bilan de MATELAS DU BLAVET au 31/12/N (document 12).

À retenir

L'ÉVALUATION DES STOCKS ET LA DÉPRÉCIATION DES ACTIFS

Variation de stock

Annulation du stock initial

603 ou 713		Variation des stocks	X	
	3.	Stocks		X
		Annulation du stock initial		

Constatation du stock final

3.		Stocks	X	
	603 ou 713	Variation des stocks		X
		Constatation du stock final		

Évaluation de stock

INVENTAIRE À LA CLÔTURE DE L'EXERCICE

Respect du principe de prudence

Dépréciation

- Stocks (39)
- Créances clients (491)
- Immo. corporelles non amortissables (291)

681		Dotations aux amortissements, dépréciations	X	
	291/39 /491	Dépréciation de l'actif		X

Se tester en ligne
https://eqrcode.co/a/6KQ1ym

» LIEN AVEC LE MANAGEMENT, SCIENCES DE GESTION ET NUMÉRIQUE

Création de valeur : indicateurs extraits du compte de résultat et du bilan.
Principes de la normalisation comptable et information financière, transparence des pratiques.

Appliquer

Activité 1 Cocher la (ou les) bonne(s) réponse(s)

https://qrcode.link/a/mrPZPO

1. Dans une phase de stockage, le stock initial est :

- ◇ a. supérieur au stock final.
- ◇ b. inférieur au stock final.
- ◇ c. égal au stock final.

2. Le numéro de compte d'actif des stocks de matières premières est :

- ◇ a. 31
- ◇ b. 355
- ◇ c. 37
- ◇ d. 39

3. Une entreprise peut déprécier :

- ◇ a. des créances clients.
- ◇ b. des immobilisations amortissables.
- ◇ c. des stocks.

4. Une dotation aux dépréciations se justifie par le principe :

- ◇ a. de permanence des méthodes.
- ◇ b. d'indépendance des exercices.
- ◇ c. de prudence.

5. La dépréciation de N est supérieure à celle de N-1. L'entreprise doit constater une :

- ◇ a. dotation complémentaire.
- ◇ b. reprise de dépréciation.

Activité 2 Traiter les créances douteuses à l'inventaire

CHAREF.xlsx

La **société CHAREF** commercialise divers articles de papeterie pour professionnels et particuliers. Mme André, la responsable de la comptabilité client, doit traiter les créances douteuses au 31/12/N en fin d'exercice comptable.

1 Citer des actions à mettre en œuvre auprès du client SOORMALLY pour obtenir la régularisation de son retard de paiement.

2 Compléter le tableau des créances douteuses au 31/12/N (annexe 2).

3 Enregistrer les écritures d'inventaire au 31/12/N.

4 Montrer qu'en enregistrant ces écritures l'entreprise respecte le principe de prudence.

Annexe 1 Informations diverses

- Le recouvrement de la créance du client SOORMALLY de 1 800 € TTC est devenu incertain. On pense ne récupérer que 40 %.
- La société CHAREF est soumise à la TVA au taux de 20 %.

Annexe 2 État des créances douteuses au 31/12/N

Clients	Créances au 31/12/N		Dépréciations nécessaires au 31/12/N		Dépréciations antérieures au 31/12/N-1	Ajustements	
	TTC	HT	%	Montant		Dotations	Reprises
EUDE	1 200	1 000	70 %	700	800		100
MATHIEU	600	500	0 %		150		150
SOORMALLY							
			Totaux				

Activité 3 Évaluer les stocks d'une entreprise artisanale

JDB MILORD est une entreprise familiale qui fabrique et commercialise des jouets en bois. Elle est très vigilante quant à la gestion de ses stocks.

LA VARIATION DE STOCK DE PRODUITS FINIS

Le calcul de la variation de stock de produits finis est le parfait miroir de la variation des stocks des comptes de charges (marchandises et matières premières).

Variation de stock = Stock final – Stock initial

1 Réaliser les écritures comptables de régularisation des stocks au 31/12/N.

2 Évaluer le montant des variations de stocks de matières premières et de produits finis.

3 Repérer si l'entreprise est en phase de stockage ou de déstockage.

4 Noter les incidences de ces écritures de régularisation dans les documents de synthèse.

5 Préciser les conséquences de ces écritures sur la trésorerie de JDB MILORD.

Annexe 1 Extrait du plan comptable de JDB MILORD

Comptes d'actif	Comptes de charges	Comptes de produits
3 - Comptes de stocks	601 – Achats de matières premières	701 – Ventes de produits finis
31 – Stocks de matières premières	603 – Variations des stocks	7135 – Variation des stocks de produits finis
355 – Stocks de produits finis	6031 – Variations des stocks de matières premières	

Annexe 2 Situation des stocks

Stocks	Au 01/12/N	Au 31/12/N
Matières premières	6 000	8 000
Produits finis	14 500	16 000

Annexe 3 Extrait de l'actif du bilan au 31/12/N (après inventaire)

ACTIF	Exercice N		
	Brut	Amortissement	Net
ACTIF CIRCULANT **Stocks et en cours :** Matières premières Produits finis			

Annexe 4 Extrait du compte de résultat au 31/12/N (après inventaire)

CHARGES	N	PRODUITS	N
Charges d'exploitation Achats de matières premières Variations des stocks de matières premières		**Produits d'exploitation** Production vendue Production stockée	

Activité 4 Déprécier des actifs

BOUTIQUE_ESTELLE.xlsx

La **BOUTIQUE D'ESTELLE** est une entreprise spécialisée dans la conception et la fabrication d'accessoires pour poupées en porcelaine. Des perruques aux robes, en passant par les chaussures, ce fabricant réalise sur mesure des produits en fonction des modèles et des inspirations de ses clients.

1 Expliquer la nécessité d'enregistrer une dépréciation pour le terrain au 31/12/N.

2 Estimer et enregistrer au journal le montant de la dépréciation du terrain au 31/12/N.

3 Indiquer l'impact de cette écriture sur les documents de synthèse.

4 Définir les raisons qui peuvent avoir conduit au classement du client MAIGRET en client douteux.

5 Rappeler la signification d'un montant inscrit en créances irrécouvrables. Pourquoi y distinguer le montant HT de la TVA ?

6 Terminer le tableau d'ajustement (annexe 2), enregistrer les écritures de régularisation des comptes clients au 31/12/N.

7 Compléter le tableau des dépréciations de l'annexe (annexe 3).

Annexe 1 Informations diverses

- À la fin de l'exercice comptable, lors de l'inventaire, un état des créances douteuses est établi. Le client MAIGRET, déjà douteux à la fin de l'exercice précédent, l'est encore mais la dépréciation à comptabiliser est d'un montant supérieur. Le second, la SAS BOSSELIN, est définitivement insolvable.
- LA BOUTIQUE D'ESTELLE a acquis il y a 5 ans un terrain d'une valeur de 20 000 € sur lequel elle envisageait d'installer un petit bâtiment de stockage. Cette année, une estimation réalisée par un notaire indique que le terrain aurait une valeur marchande de 18 000 €. En N-1, ce terrain a déjà fait l'objet d'une dotation aux dépréciations de 1 500 €.

Annexe 2 Tableau des créances douteuses au 31/12/N

Clients	Créances au 31/12/N		Dépréciations nécessaires au 31/12/N		Dépréciations antérieures au 31/12/N-1	Ajustements		Créances irrécouvrables	
	TTC	HT	%	Montant		Dotations	Reprises	Montant HT	TVA
MAIGRET	600,00	500,00	40 %	200,00	50,00				
BOSSELIN	1 266,00	1 055,00			1 000,00				
				Totaux	**1 050,00**				

Annexe 3 Extrait de l'annexe (tableau des dépréciations)

Tableau des dépréciations	Dépréciations en début d'exercice	Augmentations (dotations de l'exercice)	Diminutions (reprises de l'exercice)	Dépréciations à la fin de l'exercice
Terrain				
Créances clients				

Activité 5 Évaluer et enregistrer des dépréciations

L'**entreprise EQUESTRA** est spécialisée dans le commerce d'accessoires et d'équipements d'équitation. Implantée au sud de Toulouse, elle propose à ses clients (particuliers ou professionnels), du matériel adapté pour le cavalier et son cheval.

1 Enregistrer au journal de l'entreprise EQUESTRA les écritures d'inventaire relatives aux stocks au 31 décembre N.

2 Calculer et interpréter la variation des stocks de marchandises au 31 décembre N.

3 Évaluer le montant de la créance hors taxe du client Couturier au 31/12/N.

4 Retrouver le montant de la dépréciation nécessaire sur la créance client Couturier au 31 décembre N. Enregistrer au journal de l'entreprise EQUESTRA l'écriture correspondante.

5 Analyser l'influence de cette écriture de dépréciation sur le résultat et sur la trésorerie de l'année N.

Annexe 1 Note du chef comptable

Pour les stocks : constater le SF, annuler le SI et SURTOUT penser à l'écriture d'inventaire lié au dégât des eaux.

Annexe 2 Informations relatives aux stocks

- Stock au 31 décembre N-1 : 4 600 € (au coût d'achat)
- Stock au 31 décembre N : 5 100 € (au coût d'achat)

Un dégât des eaux, au cours du mois de novembre N a endommagé des marchandises neuves destinées à être vendues. On estime à 200 € la perte probable de valeur marchande des accessoires touchés par le sinistre.

Annexe 3 Informations relatives aux créances clients

Le client Couturier, dont la créance TTC s'élève à 12 000 € au 31 décembre N, connaît actuellement des difficultés financières. EQUESTRA espère récupérer 40 % de la créance.

Annexe 4 Extrait du journal de EQUESTRA au 31 décembre N-1

		31/12/N-1		
681		Dotations aux dépréciations	4 000,00	
	491	Dépréciation des comptes clients		4 000,00
		Dépréciation N-1 client Couturier		

CHAPITRE 7

L'analyse de la profitabilité

CAPACITÉS
- Analyser la performance de l'activité à l'aide d'indicateurs de profitabilité en effectuant des comparaisons dans l'espace et dans le temps.
- Estimer les effets d'une évolution de l'activité sur la performance de l'entreprise.

NOTIONS
- Excédent brut d'exploitation (EBE), résultat d'exploitation (RE), résultat courant avant impôt (RCAI).
- Capacité d'autofinancement (CAF).

2.1 - Mesurer la performance, des approches multiples ?

Contexte Climatik

» MISE EN SITUATION

La SARL CLIMATIK a été créée en 2001, dans la ville de Nice, par deux sœurs jumelles originaires de la région : Caroline et Nathalie Anquetil. À la fin de leurs études, elles décident d'ouvrir leur propre entreprise spécialisée dans l'entretien et l'installation de systèmes de climatisation et de chauffage réversible. CLIMATIK intervient localement pour les particuliers niçois et plus généralement sur toute la Côte d'Azur pour la clientèle professionnelle. Avec ses 500 clients sous contrat de maintenance annuelle, CLIMATIK a rapidement développé une réputation d'entreprise efficace, capable de proposer qualité et prix raisonnable.

Depuis l'année dernière, l'entreprise a noué des relations privilégiées avec une vingtaine de magasins de l'enseigne BOULANGER présente dans l'environnement géographique proche de la SARL. Ce spécialiste national des équipements de la maison en électroménager et multimédia lui confie la rénovation et la maintenance des systèmes de chauffage et de climatisation de ses magasins de la zone niçoise.

Nathalie souhaite profiter de l'augmentation de la performance commerciale de CLIMATIK pour se diversifier. Elle voudrait saisir l'opportunité du phénomène des énergies vertes pour se lancer dans une nouvelle activité de vente, installation et maintenance de panneaux solaires. Caroline adhère à cette idée, mais veut au préalable vérifier la profitabilité et la performance actuelle de CLIMATIK, ainsi que les moyens d'autofinancement dont l'entreprise dispose avant de s'engager.

Les caractéristiques principales de l'organisation	
Type	Entreprise privée
Statut juridique	SARL
Statut	PME (Chiffre d'affaires de 614 320 €)
Les autres caractéristiques de l'organisation	
Nationalité	Française
Ressources matérielles	Un bureau et une zone de stockage de matériel
Ressources humaines	Deux techniciens qualifiés
Ressources financières	Capital social 9 000 € Emprunt 20 700 €
Champ géographique	Régional

Découvrir

1 LA CAPACITÉ DE L'ENTREPRISE À DÉGAGER UN RÉSULTAT

Christophe est employé du cabinet comptable dont est client CLIMATIK. Il présente à Nathalie et Caroline le compte de résultat de l'exercice N. Christophe propose de les éclairer sur la profitabilité de l'entreprise.

Document 1 **Compte de résultat de l'entreprise CLIMATIK**

CHARGES (hors taxes)	N	N-1	PRODUITS (hors taxes)	N	N-1
Charges d'exploitation			**Produits d'exploitation**		
Achats de marchandises			Ventes de marchandises		
Variations des stocks de marchandises			Production vendue	614 320	381 057
Achats stockés de matières 1res et autres appros.	383 759	183 785	Montant net du chiffre d'affaires	614 320	381 057
Variations des stocks d'approvisionnement	- 5 292	- 229	Production stockée		
Autres achats et charges externes	112 589	68 110	Production immobilisée		
Impôts, taxes et versements assimilés	860	1 101	Subventions d'exploitation		
Salaires et traitements	49 652	54 710	Reprises sur provisions (et amortissements)	631	281
Charges sociales	19 855	20 683	Autres produits	45	12
Dotations aux amortissements et aux provisions	5 983	8 375	Total des produits d'exploitation	614 996	381 350
Autres charges	422	779	**Produits financiers**		
Total des charges d'exploitation	567 828	337 314	De participation		
Charges financières			Autres valeurs mobilières et créances de l'actif immo.		
Dotations aux amortissements et aux provisions			Autres intérêts et produits assimilés		
Intérêts et charges assimilées	6	166	Reprises sur provisions et transferts de charges fi.	232	462
Total des charges financières	6	166	Total des produits financiers	232	462
Charges exceptionnelles			**Produits exceptionnels**		
Sur opérations de gestion	125	96	Sur opérations de gestion		
Sur opérations en capital[1]	7 520	9 821	Sur opérations en capital[2]	8 560	9 000
Dotations aux amortissements et aux provisions			Reprises sur provisions et transferts de charges ex.		
Total des charges exceptionnelles	7 645	9 917	Total des produits exceptionnels	8 560	9 000
Participation des salariés aux résultats					
Impôts sur les bénéfices	11 437	8 182			
Total des charges	586 916	355 579	**Total des produits**	623 788	390 812
Solde créditeur = bénéfice	36 872	35 233	**Solde débiteur (perte)**		
TOTAL GÉNÉRAL	623 788	390 812	**TOTAL GÉNÉRAL**	623 788	390 812

[1] *Valeurs comptables des éléments d'actif cédés*
[2] *Produits des cessions d'éléments d'actif*

Document 2 Extrait du tableau des soldes intermédiaires de gestion (SIG)

Produits			Charges			Soldes intermédiaires de gestion		
	N	N-1		N	N-1		N	N-1
Ventes de marchandises	0	0	Coût d'achat des marchandises vendues	0	0	**Marge commerciale**	0	0
Production vendue	614 320	381 057						
Production stockée	0	0	Ou Déstockage de production	0	0			
Production immobilisée	0	0						
Total	614 320	381 057	**Total**	0	0	**Production de l'exercice**	614 320	381 057
Production de l'exercice	614 320	381 057	Consommations de l'exercice en provenance des tiers	491 056	251 666			
Marge commerciale	0	0						
Total	614 320	381 057	**Total**	491 056	251 666	**Valeur ajoutée**	123 264	129 391
Valeur ajoutée	123 264	129 391	Impôts, taxes et versements assimilés	860	1 101			
Subventions d'exploitation			Charges de personnel	69 507	75 393			
Total	123 264	129 391	**Total**	70 367	76 494	**Excédent brut d'exploitation (EBE)**		52 897
Excédent brut d'exploitation		52 897	ou insuffisance brute d'exploitation					
Reprises sur charges calculées et transferts de charges non affectables	631	281	Dotations aux amortissements et aux provisions	5 983	8 375			
Autres produits	45	12	Autres charges	422	779			
Total		53 190	**Total**	6 405	9 154	**Résultat d'exploitation (RE)**		44 036
Résultat d'exploitation		44 036	ou Résultat d'exploitation					
Produits financiers	232	462	Charges financières	6	166			
Total		44 498	**Total**	6	166	**Résultat courant avant impôts (RCAI)**		44 332

1 **Justifier l'absence du solde « ventes de marchandises » dans la formation du résultat N (document 2).**

La **marge commerciale** mesure la capacité de l'entreprise à dégager des profits sur la revente de marchandises.

2 **Calculer le taux d'évolution du chiffre d'affaires de CLIMATIK pour l'année N. Donner une explication possible à l'évolution des ventes de N-1 à N.**

La **production de l'exercice** permet d'évaluer le montant qu'une entreprise tire de son activité, avant déduction des frais de fabrication et de commercialisation de ses biens et/ou services vendus.

3 Rappeler le calcul de la valeur ajoutée. Justifier son montant pour l'exercice N-1 de CLIMATIK.

4 À partir du document 1, présenter la répartition de la valeur ajoutée de N (document 3).

Document 3 Affectation de la valeur ajoutée

Bénéficiaires	Calculs	Montant	Part (%)
Personnel			
État			
Prêteurs			
Associés et entreprise			
Total VA			

5 Retrouver dans le document 2, le montant des soldes intermédiaires de gestion de l'exercice N.

6 Calculer les taux d'évolution des principaux soldes du tableau des SIG de CLIMATIK (document 4). Commenter.

Document 4 Évolution des principaux soldes du tableau des SIG

SIG	Éléments d'interprétation	% d'évolution CLIMATIK
Valeur ajoutée	La VA mesure la richesse brute créée par l'entreprise. Elle sert de base à la TVA.	
Excédent brut d'exploitation	L'EBE est un indicateur essentiel de la performance économique. Il représente un excédent potentiel de trésorerie générée par les activités d'exploitation. Il peut être utilisé pour maintenir ou accroître la capacité de production, payer les frais financiers, l'impôt sur les résultats, les dividendes, rembourser les emprunts antérieurs.	
Résultat d'exploitation	Au contraire de l'EBE, il comprend des charges et des produits calculés (non encaissables et non décaissables) liés aux amortissements et dépréciations notamment.	
Résultat courant avant impôts	Le RCAI correspond aux éléments d'exploitation et financier de l'entreprise.	

2 LA CAPACITÉ DE L'ENTREPRISE À DÉGAGER UNE RESSOURCE

Le projet de diversification dans une nouvelle activité liée aux panneaux solaires va nécessiter des investissements de la part de CLIMATIK. Christophe, le comptable, propose une réflexion sur la capacité de l'entreprise à se financer par ses propres moyens. L'étude de la capacité d'autofinancement va permettre à Nathalie et Caroline de se faire une idée plus juste de leur capacité de financement interne.

La CAF représente un flux potentiel de trésorerie pour l'entreprise.

CAF = produits encaissables - charges décaissables

Ce calcul exclut donc les charges et produits calculés comme les dotations et reprises sur amortissement (comptes 68 et 78), ainsi que l'impact des cessions d'immobilisations (comptes 675 et 775).

En relation avec la capacité d'autofinancement, on parle souvent de l'autofinancement (AF). L'autofinancement est la part de la CAF permettant de financer son activité et ses investissements à l'aide de ses propres moyens. Elle se calcule en déduisant les dividendes versés aux actionnaires de la CAF.

Autofinancement = CAF – Dividendes

7 **Expliquer l'apport du calcul de la CAF à la prise de décision chez CLIMATIK.**

Document 5 Calcul de la CAF : méthode soustractive

Éléments	N	N-1
EXCÉDENT BRUT D'EXPLOITATION		52 897
+ Autres produits d'exploitation		12
+ Produits financiers (sauf calculés)		
+ Produits exceptionnels (sauf calculés)		
- Autres charges d'exploitation		- 779
- Charges financières (sauf calculées)		- 166
- Charges exceptionnelles (sauf calculées)		- 96
- Participation des salariés		
- Impôts sur les bénéfices		- 8 182
= CAPACITÉ D'AUTOFINANCEMENT		43 686

8 **Déterminer le montant de la CAF de l'exercice N à partir de l'EBE (document 5).**

9 **Après observation du document 2, déterminer l'intérêt de partir de l'EBE pour effectuer le calcul de la CAF.**

Après être parti de l'EBE dans l'optique de n'ajouter que des produits encaissables et de ne retraiter que des charges décaissables, Christophe décide de vérifier son travail en partant du résultat de l'exercice N. Il sait qu'il lui suffit d'annuler tous les produits et charges calculés figurant dans le bénéfice N de CLIMATIK pour retrouver le montant de la CAF de l'exercice. Nathalie et Caroline lui précisent qu'elles souhaitent se partager 15 000 € de dividendes sur les bénéfices de l'exercice N.

Document 6 Calcul de la CAF : méthode additive

Éléments	N	N-1
RÉSULTAT NET DE L'EXERCICE		35 233
- Reprises sur dépréciations et provisions		- 743
- Produits des cessions d'éléments d'actif		- 9 000
+ Dotations aux amortissements et prov.		8 375
+ VNC des éléments d'actif cédés		9 821
= CAPACITÉ D'AUTOFINANCEMENT		43 686

10 **Retrouver la CAF de l'exercice N à partir du résultat de l'exercice (document 6).**

11 **Calculer à partir de la CAF de N l'autofinancement correspondant.**

3 L'ANALYSE DE LA PERFORMANCE

Christophe propose de vérifier que l'entreprise est capable de générer des profits à partir de ses ventes. Il souhaite soumettre à Nathalie et Caroline une analyse de la capacité de l'entreprise à générer des profits à partir d'indicateurs de profitabilité. Ils lui permettront de réaliser une comparaison de la profitabilité dans le temps (de N-1 à N) et dans l'espace, avec une comparaison avec les entreprises concurrentes du secteur.

12 **Calculer les ratios de profitabilité de l'exercice N de CLIMATIK (document 7).**

Document 7 **Indicateurs de profitabilité de CLIMATIK**

Ratios de profitabilité	N	N-1
Taux de marge brute d'exploitation : **EBE/CA** *Capacité de l'entreprise à engendrer des excédents de trésorerie par son exploitation.*		
Taux de marge bénéficiaire : **résultat net/CA** *Mesure de la performance globale de l'entreprise. Un fort taux montre qu'une entreprise est plus rentable, contrôle mieux ses dépenses que ses concurrents.*		
Taux de capacité d'autofinancement : **CAF/CA** *Capacité d'une entreprise à financer elle-même ses projets et son activité. Les fonds permettent d'investir, de verser des dividendes ou d'épargner.*		

Document 8 **Indicateurs de profitabilité moyens des entreprises concurrentes**

Ratios de profitabilité	N	N-1
Évolution de la production vendue	- 1,5 %	
Taux de marge brute d'exploitation : EBE/CA	9,00 %	9,5 %
Taux de marge bénéficiaire : résultat net/CA	5,60 %	5,25 %
Taux de capacité d'autofinancement : CAF/CA	10,00 %	10,00 %

13 **À partir de vos résultats, et des ratios moyens de profitabilité des entreprises concurrentes, commenter la situation de CLIMATIK.**

À retenir

L'ANALYSE DE LA PROFITABILITÉ

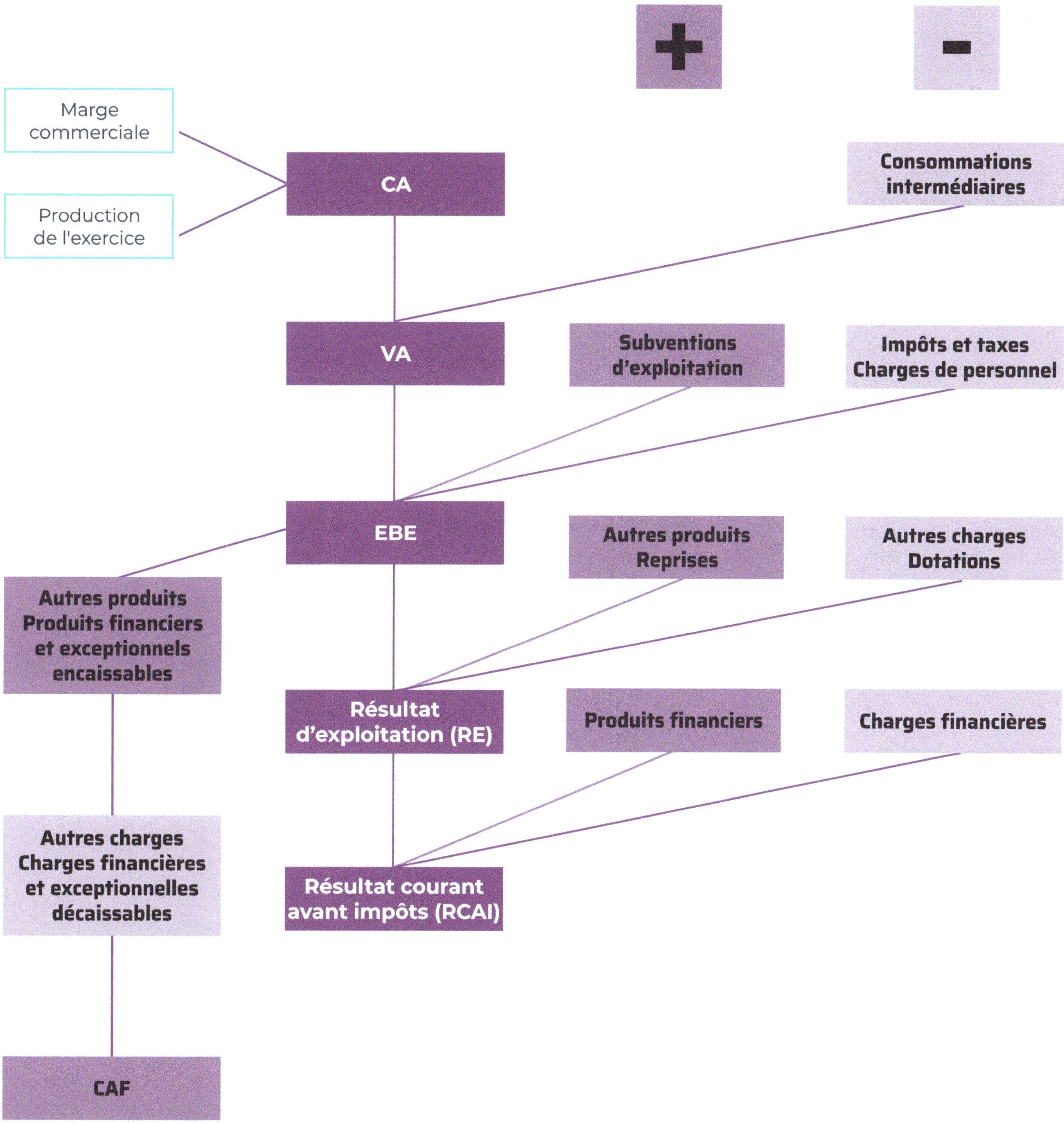

Se tester en ligne
https://eqrcode.co/a/HDCoGI

» LIEN AVEC LE MANAGEMENT, SCIENCES DE GESTION ET NUMÉRIQUE

Création de valeur : indicateurs extraits du compte de résultat et du bilan.

Appliquer

https://qrcode.link/a/saeVV4

Activité 1 Connaître les soldes intermédiaires de gestion

Relier les SIG suivants aux notions correspondantes.

Valeur ajoutée ●	● Rapport entre le prix d'achat des marchandises et leur prix de vente.
Résultat d'exploitation ●	● Représente l'activité industrielle d'une entreprise de transformation et les prestations produites par une société de services.
Marge commerciale ●	● Richesse brute créée par l'entreprise.
Excédent brut d'exploitation ●	● Différence entre les produits et les charges d'exploitation sur un exercice comptable.
Production de l'exercice ●	● Excèdent potentiel de trésorerie généré par l'activité d'exploitation de l'entreprise.

Activité 2 Calculer des indicateurs de la performance de l'activité

Créé il y a un an, l'**EURL TOILET'OS** est une entreprise de toilettage à domicile. Élisa, l'associée unique, est diplômée d'État. Elle propose des prestations relaxantes pour votre animal, loin du stress d'un salon en ville. Elle commercialise des produits professionnels qu'elle fait connaître aux clients en les utilisant lors des soins.

1 Expliquer la présence d'un solde « Ventes de marchandises » au compte de résultat dans une entreprise de services de toilettage telle que TOILET'OS.

2 Retrouver par le calcul la marge commerciale, la valeur ajoutée et le résultat d'exploitation de l'exercice N.

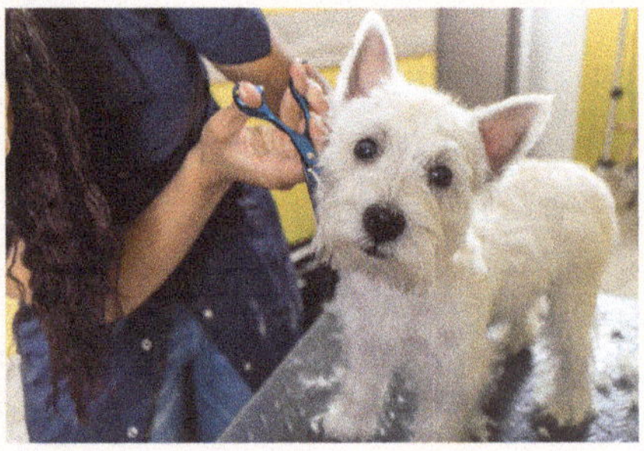

Annexe Compte de résultat de TOILET'OS au 31/12/N

Charges	Montant	Produits	Montant
Charges d'exploitation		**Produits d'exploitation**	
Achats de marchandises	290	Ventes marchandises	880
Achat matières premières	4 500	Production vendue (de services)	22 500
Autres achats et charges externes	3 504		
Impôts et taxes	377		
Charges sociales du dirigeant	2 445		
Total des charges d'exploitation	11 116	Total des produits d'exploitation	23 380
Charges financières	0	**Produits financiers**	0
Total des charges financières	0	Total des produits financiers	0
Charges exceptionnelles	0	**Produits exceptionnels**	0
Total des charges exceptionnelles	0	Total des produits exceptionnels	0
TOTAL DES CHARGES	11 116	TOTAL DES PRODUITS	23 380
Solde créditeur : bénéfice	12 264	Solde débiteur : perte	
TOTAL GÉNÉRAL	23 380	TOTAL GÉNÉRAL	23 380

Activité 3 Déterminer les soldes intermédiaires de gestion

BUFFALO.xlsx

Le gérant du **BUFFALO GRILL** de Saint-Agathon s'interroge sur la capacité de son établissement à dégager des profits. Il dispose du compte de résultat de l'exercice N.

Compléter le tableau des SIG (annexe 2).

Annexe 1 Compte de résultat de BUFFALO GRILL au 31/12/N

Charges	Montant	Produits	Montant
Charges d'exploitation		**Produits d'exploitation**	
Achats de marchandises	551 680	Ventes de marchandises	1 896 384
Autres achats et charges externes	398 525	Production vendue (de services)	2 897
Impôts et taxes	34 069	Subventions d'exploitation	1 000
Salaires et traitements	594 565	Reprises sur amortissements	29 169
Charges sociales	175 933	Autres produits	1 332
Dotations aux amortissements	109 391		
Autres charges	3 660		
Total des charges d'exploitation	1 867 823	Total des produits d'exploitation	1 930 782
Charges financières	6 509	**Produits financiers**	633
Total des charges financières	6 509	Total des produits financiers	633
Charges exceptionnelles	32 266	**Produits exceptionnels**	15 500
Total des charges exceptionnelles	32 266	Total des produits exceptionnels	15 500
TOTAL DES CHARGES	1 906 598	TOTAL DES PRODUITS	1 946 915
Solde créditeur : bénéfice	40 317	Solde débiteur : perte	
TOTAL GÉNÉRAL	1 946 915	TOTAL GÉNÉRAL	1 946 915

Annexe 2 Extrait du tableau des soldes intermédiaires de gestion

Produits	N	Charges	N	SIG	N
Production de l'exercice Marge commerciale		Consommations en provenance des tiers			
Total		**Total**		**Valeur ajoutée**	
Valeur ajoutée Subventions d'exploitation		Impôts et taxes Charges de personnel			
Total		**Total**		**Excédent brut d'exploitation**	
Excédent brut d'exploitation		ou insuffisance brute d'exploitation			
Reprises sur charges calculées Autres produits		Dotations aux amort. Autres charges			
Total		**Total**		**Résultat d'exploitation**	
Résultat d'exploitation Produits financiers		ou Résultat d'exploitation Charges financières			
Total		**Total**		**Résultat courant avant impôts**	

Activité 4 Évaluer la profitabilité d'une entreprise industrielle

CHALAY.xlsx

CHALAY est une entreprise de la région Auvergne-Rhône-Alpes située près de la ville de Roanne. Elle est spécialisée dans la fabrication et la pose de charpentes et petites structures en bois.

Elle conçoit aussi bien les chalets que l'on croise sur les marchés de Noël, que les abris de jardins. Son gérant vous communique les comptes de résultat de l'entreprise pour N et N-1.

1 **Préciser la différence entre l'EBE et le résultat d'exploitation.**

2 **Rappeler l'apport de l'EBE lors du calcul de la CAF.**

3 **Calculer l'EBE et la CAF de CHALAY pour N et N-1.**

4 **Calculer les indicateurs de profitabilité de CHALAY (annexe 2). Commenter.**

Annexe 1 Compte de résultat de la SARL CHALAY (en milliers d'euros)

CHARGES (hors taxes)	N	N-1	PRODUITS (hors taxes)	N	N-1
Charges d'exploitation :			**Produits d'exploitation :**		
Achats de marchandises			Ventes de marchandises		
Variations des stocks de marchandises			Production vendue	555	534
Achats stockés de matières premières et autres appro.	158	159	Montant net du chiffre d'affaires	555	534
Variations des stocks d'approvisionnement	- 13	- 15	Production stockée		
Autres achats et charges externes	67	65	Production immobilisée		
Impôts, taxes et versements assimilés	5	4	Subventions d'exploitation		
Salaires et traitements	190	187	Reprises sur provisions (et amortissements)	1	1
Charges sociales	80	78	Autres produits	2	3
Dotations aux amortissements et aux provisions	10	8	Total des produits d'exploitation	558	538
Autres charges	2	3	**Produits financiers**		
Total des charges d'exploitation	499	489	De participation		
Charges financières			D'autres valeurs mobilières et créances de l'actif immo.		
Dotations aux amortissements et aux provisions			Autres intérêts et produits assimilés		
Intérêts et charges assimilées	5	4	Reprises sur provisions et transferts de charges fi.		
Total des charges financières	5	4	Total des produits financiers		
Charges exceptionnelles			**Produits exceptionnels**		
Sur opérations de gestion			Sur opérations de gestion		
Sur opérations en capital	5	6	Sur opérations en capital	10	8
Dotations aux amortissements et aux provisions			Reprises sur provisions et transferts de charges ex.		
Total des charges exceptionnelles	5	6	Total des produits exceptionnels	10	8
Participation des salariés aux résultats					
Impôts sur les bénéfices	11	10			
Total des charges	520	509	**Total des produits**	568	546
Solde créditeur = bénéfice	48	37	**Solde débiteur (perte)**		
TOTAL GÉNÉRAL	568	546	**TOTAL GÉNÉRAL**	568	546

Annexe 2 Indicateurs de profitabilité

Ratios de profitabilité	N	N-1
Taux de marge brute d'exploitation		
Taux de marge bénéficiaire		
Taux de capacité d'autofinancement		

Annexe 3 Données du secteur N

Taux de marge bénéficiaire : 6,3 %

Annexe 4 Tableaux de calcul de la CAF

Calcul par la méthode soustractive

Éléments	N	N-1
EXCÉDENT BRUT D'EXPLOITATION + Autres produits d'exploitation + Produits financiers (sauf calculés) + Produits exceptionnels (sauf calculés) - Autres charges d'exploitation - Charges financières (sauf calculées) - Charges exceptionnelles (sauf calculées) - Participation des salariés - Impôts sur les bénéfices		
CAPACITÉ D'AUTOFINANCEMENT		

Calcul par la méthode additive

Éléments	N	N-1
RÉSULTAT NET DE L'EXERCICE - Reprises sur dépréciations et provisions - Produits des cessions d'éléments d'actif + Dotations aux amortissements et prov. + VNC des éléments d'actif cédés		
CAPACITÉ D'AUTOFINANCEMENT		

Activité 5 Analyser la profitabilité d'un salon de coiffure

HAIR_DE_FOLIE.xlsx

Hussam est salarié du salon de coiffure, **HAIR DE FOLIE**, depuis l'obtention de son brevet professionnel en 2013. M. Jean, le propriétaire ayant décidé de prendre sa retraite dans quelques mois, lui propose de lui transmettre son salon. Hussam envisage sérieusement cette succession, mais il s'interroge sur la profitabilité actuelle de l'entreprise.

1 **Identifier concrètement les éléments qui composent le chiffre d'affaires de ce salon de coiffure.**

2 **Calculer la valeur ajoutée de N et N-1.**

3 **Présenter sa répartition en N et N-1 (annexe 2) et proposer un support visuel à votre travail à l'aide d'un graphique sur tableur. Commenter.**

4 **Évaluer l'EBE de l'exercice N. Indiquer la signification de votre résultat.**

5 **Indiquer le résultat d'exploitation et le résultat courant avant impôts de l'exercice N. Justifier vos calculs.**

6 **Déterminer la CAF de l'exercice N avec la méthode de votre choix. Préciser le taux de capacité d'autofinancement correspondant.**

Annexe 1 Compte de résultat HAIR DE FOLIE (en milliers d'euros)

CHARGES (hors taxes)	N	N-1	PRODUITS (hors taxes)	N	N-1
Charges d'exploitation			**Produits d'exploitation**		
Achats de marchandises	9	6	Ventes de marchandises	11	10
Variations des stocks de marchandises			Production vendue	248	244
Achats stockés de matières premières et autres appro.	23	22	Montant net du chiffre d'affaires	259	254
Variations des stocks d'approvisionnement	-1	0	Production stockée		
Autres achats et charges externes	46	49	Production immobilisée		
Impôts, taxes et versements assimilés	1	3	Subventions d'exploitation	1	1
Salaires et traitements	106	104	Reprises sur provisions (et amortissements)	1	1
Charges sociales	40	36	Autres produits	4	3
Dotations aux amortissements et aux provisions	3	4	Total des produits d'exploitation	265	259
Autres charges	4	3	**Produits financiers**		
Total des charges d'exploitation	231	227	De participation		
Charges financières			D'autres valeurs mobilières et créances de l'actif immo.		
Dotations aux amortissements et aux provisions			Autres intérêts et produits assimilés		
Intérêts et charges assimilées	3	4	Reprises sur provisions et transferts de charges fi.		
Total des charges financières	3	4	Total des produits financiers	0	0
Charges exceptionnelles			**Produits exceptionnels**		
Sur opérations de gestion			Sur opérations de gestion		
Sur opérations en capital			Sur opérations en capital		
Dotations aux amortissements et aux provisions			Reprises sur provisions et transferts de charges ex.		
Total des charges exceptionnelles	0	0	Total des produits exceptionnels	0	0
Participation des salariés aux résultats					
Impôts sur les bénéfices	5	5			
Total des charges	239	236	**Total des produits**	265	259
Solde créditeur = bénéfice	26	23	**Solde débiteur (perte)**		
TOTAL GÉNÉRAL	265	259	**TOTAL GÉNÉRAL**	265	259

Annexe 2 Répartition de la valeur ajoutée

Acteurs	Montant N	%	Montant N-1	%
Personnel				
État				
Prêteurs				
Associés et entreprise				
Total VA				

CHAPITRE 8

L'analyse de la rentabilité

CAPACITÉS » Analyser la performance de l'activité à l'aide d'indicateurs de rentabilité en effectuant des comparaisons dans l'espace et dans le temps.
» Établir un lien entre l'endettement et la rentabilité financière.

NOTIONS » Analyse de la rentabilité : rentabilité économique, rentabilité financière, effet de levier.

2.1 - Mesurer la performance, des approches multiples ?

Contexte — Fresnel Déménagements

» MISE EN SITUATION

La SARL FRESNEL DÉMÉNAGEMENTS a été créée par Rodolphe Fresnel en 2014. Elle est implantée en Auvergne-Rhône-Alpes dans la ville de Bourg-en-Bresse. Depuis que son principal concurrent a cessé son activité il y a 3 ans, l'entreprise s'est développée et plusieurs salariés ont été embauchés.

L'entreprise ne peut pas répondre à toutes les demandes car la SARL ne possède pas assez de camions. En outre, l'activité « garde-meubles » est limitée par le manque d'espace de stockage disponible.

Rodolphe Fresnel envisage de réaliser des investissements pour accompagner la croissance de son activité et supprimer les contraintes matérielles rencontrées par son organisation. Il souhaite mesurer la rentabilité de son entreprise avant de procéder à ces changements. Il pense que les résultats qu'il présentera à ses fils William et Fabrice, les deux autres actionnaires de l'entreprise, lui permettront de les convaincre.

Les caractéristiques principales de l'organisation	
Type	Entreprise privée
Statut	SARL
Taille	PME (Chiffre d'affaires de 1 398 000 €)
Les autres caractéristiques de l'organisation	
Nationalité	Française
Ressources matérielles	7 véhicules de la marque RENAULT 3 monte-meubles 2 chariots élévateurs
Ressources humaines	20 salariés en CDI, dont 2 administratifs
Ressources financières	Capital social 55 000 € Emprunt 159 000 €
Champ géographique	Régional

Découvrir

1 LA RENTABILITÉ ÉCONOMIQUE : LA VISION DU DIRIGEANT

Rodolphe étudie le bilan de son entreprise mais ses compétences en gestion ne lui permettent pas d'évaluer seul la rentabilité de FRESNEL DÉMÉNAGEMENTS. Sa fille cadette Sabrina, élève en terminale STMG, lui apporte de l'aide. Ils débutent par l'analyse de la rentabilité économique. Sabrina se rappelle que son enseignant explique toujours que c'est la rentabilité qui intéresse principalement le dirigeant.

La **rentabilité** se mesure en prenant en compte le rapport entre le revenu et les ressources employées pour l'obtenir. Elle traduit donc l'efficience de la gestion du dirigeant et est indépendante du mode de financement.

La rentabilité économique (ou rentabilité d'exploitation) permet d'apprécier la performance d'une entreprise à créer de la valeur à partir de son activité « normale » (ce qui exclut les éléments financiers et exceptionnels). Elle mesure la capacité de l'entreprise à dégager un résultat en utilisant ses capitaux investis.

Rentabilité économique =
Résultat d'exploitation/(Immobilisations brutes + BFR d'exploitation)

La rentabilité économique pour être significative doit être comparée à celle d'entreprises du même secteur.

Document 1 **Bilan de l'entreprise FRESNEL DÉMÉNAGEMENTS au 31/12/N (en milliers d'€)**

ACTIF	Brut	Amort & Dép	Net	PASSIF	Net
ACTIF IMMOBILISÉ				**CAPITAUX PROPRES**	
Immobilisations incorporelles	108	10	98	Capital	55
Immobilisations corporelles	613	372	241	Réserves	58
Immobilisations financières	10	2	8	Résultat de l'exercice	41
TOTAL 1	**731**	**384**	**347**	**TOTAL 1**	**154**
ACTIF CIRCULANT				**DETTES**	
Stocks	10	2	8	Emprunts	159
Créances clients	176	8	168	Dettes fournisseurs	73
Autres créances	16		16	Dettes fiscales et sociales	197
Disponibilités	53		53	Autres dettes	9
TOTAL 2	**255**	**10**	**245**	**TOTAL 2**	**438**
TOTAL GÉNÉRAL	**986**	**394**	**592**	**TOTAL GÉNÉRAL**	**592**

1 **Préciser en quoi la rentabilité économique intéresse principalement le dirigeant.**

2 **Calculer la rentabilité économique de FRESNEL DÉMÉNAGEMENTS en N.**

Document 2 **Informations diverses en N**

Résultat d'exploitation : 63 000 €
BFR d'exploitation (BFRE) : - 84 000€
Le BFRE correspond à la différence entre l'actif circulant d'exploitation et le passif circulant d'exploitation.

Document 3 **Incidence des décisions du dirigeant sur le BFR**

Le montant du BFR réside dans la mesure des décalages de trésorerie, entre le règlement de nos dettes à court terme d'un côté et l'encaissement de nos créances, ainsi que le financement de nos stocks d'un autre côté.
La détérioration du BFR peut donc avoir deux sources qui sont l'augmentation des créances ou des stocks et la diminution des dettes de court terme.
Un BFR positif correspond à un besoin de financement pour l'entreprise. C'est le cas le plus courant.

Parfois, le BFR peut être négatif, dans ce cas, il correspond à un excédent de trésorerie lié à l'exploitation. On retrouve ce cas de figure dans certains secteurs comme, par exemple, la grande distribution.

Les centrales d'achat de la grande distribution, comme celle de Carrefour et Système U, payent généralement leurs fournisseurs après la livraison, alors que les clients des magasins paient immédiatement le jour de l'achat.

3 **Identifier l'impact d'une diminution des stocks sur le BFR et sur la rentabilité économique. Justifier.**

2 LA RENTABILITÉ FINANCIÈRE : LA VISION DE L'APPORTEUR DE CAPITAUX

Sabrina est rassurée par le niveau de la rentabilité économique de l'année N. Elle prépare maintenant l'analyse de la rentabilité financière qui permettra d'évaluer la capacité de FRESNEL DÉMÉNAGEMENTS à rémunérer ses associés. Elle sait que ses frères William et Fabrice, coactionnaires avec leur père, sont soucieux de la rentabilité de leurs investissements et attendent ses analyses avant de donner leur accord pour de nouveaux investissements. La rentabilité financière du secteur est de 8,9 % en N.

La **rentabilité financière** (ou rendement des capitaux propres) permet de mesurer si l'investissement consenti par l'actionnaire est rentable. Plus elle est élevée, plus l'entreprise devient attractive pour les apporteurs de capitaux.

Rentabilité financière = Résultat net/Capitaux propres[1]

Au contraire de la rentabilité économique, la rentabilité financière prend en compte le mode de financement des investissements. En effet, elle s'appuie sur le résultat de l'exercice après impôts et celui-ci tient compte des charges d'intérêts (financières).

[1] *Capitaux propres = Capital + Réserves + Report à nouveau + Résultat de l'exercice*

4 **Évaluer la rentabilité financière de FRESNEL DÉMÉNAGEMENTS en N.**

5 **Déterminer l'influence sur la rentabilité financière d'une baisse des charges financières.**

Fabrice discute régulièrement avec son banquier des taux de placement pour se rassurer quant à son choix d'investissement dans l'entreprise familiale. Son conseiller lui indique une possibilité de rendement moyen à 1,5 % pour son épargne sur des livrets réglementés.

6 **Apprécier le montant de la rémunération de l'investissement actuel de Fabrice. Identifier le risque pris par Fabrice en n'investissant pas dans un placement d'épargne.**

3 L'EFFET DE LEVIER : UTILISER L'ENDETTEMENT POUR AUGMENTER SA CAPACITÉ D'INVESTISSEMENT

FRESNEL DÉMÉNAGEMENTS souhaite mettre en œuvre sa stratégie de croissance en investissant 50 000 € dans les camions et les espaces de stockage nécessaires. Le financement par emprunt (taux de 2 %) est la solution privilégiée par Rodolphe et ses deux garçons. Toutefois, un financement par apport de capitaux n'est pas exclu. Avant de prendre une décision définitive, ils interrogent Sabrina sur l'impact de ce mode de financement sur les rentabilités économique et financière de l'entreprise.

Document 4 **Tableau d'analyse de la rentabilité**

	FRESNEL DÉMÉNAGEMENTS		
	N	N+1	
		Hypothèse 1 Emprunt	Hypothèse 2 Apport
Résultat d'exploitation	63 000	72 500	72 500
Résultat de l'exercice avant impôts	56 945	63 250	65 250
Impôts sur les sociétés (28 %)	15 945		
Résultat de l'exercice après impôts	41 000		
Immobilisations brutes	731 000		
BFRE	- 84 000	17 000	17 000
Emprunts	159 000		
Capitaux propres	154 000		
Rentabilité économique	9,74 %		
Rentabilité financière	26,62 %		

7 **Compléter le tableau du document 4.**

8 **Indiquer pourquoi la rentabilité économique n'évolue pas dans les hypothèses étudiées.**

EFFET DE LEVIER FINANCIER

Lorsqu'une entreprise finance ses investissements par emprunt à un taux inférieur au taux de rentabilité économique, elle profite d'un « effet de levier ».

Rentabilité économique > Taux d'intérêt = ↑ Rentabilité financière

Dans cette hypothèse, la rentabilité financière sera supérieure à la rentabilité économique. L'impact de cet écart sera d'autant plus important que le taux d'endettement sera élevé, c'est pourquoi on parle d'effet de levier.

On observe que si la rentabilité économique est supérieure au taux d'intérêt, plus la dette s'accroît, plus la rentabilité financière est forte. Les actionnaires, en n'apportant qu'une partie des sommes sur lesquelles porte l'investissement, voient la performance des ressources qu'ils ont investies s'accroître.

L'effet de levier est intéressant, en particulier en période de faibles taux d'intérêts. Seulement, il n'est pas sans risque pour l'entreprise. En effet, si le taux de rentabilité économique diminue jusqu'à être inférieur aux taux d'intérêts, la rentabilité financière sera d'autant plus faible que le taux d'endettement est élevé.

9 **Expliquer le phénomène qui a permis d'accroître la rentabilité financière de FRESNEL DÉMÉNAGEMENTS dans l'hypothèse 1 entre N et N+1.**

10 **À partir des informations disponibles, conclure sur l'opportunité de choisir l'emprunt pour financer les investissements de FRESNEL DÉMÉNAGEMENTS.**

11 **Identifier le risque pour FRESNEL DÉMÉNAGEMENTS d'un recours trop important à l'emprunt à l'avenir.**

À retenir

L'ANALYSE DE LA RENTABILITÉ

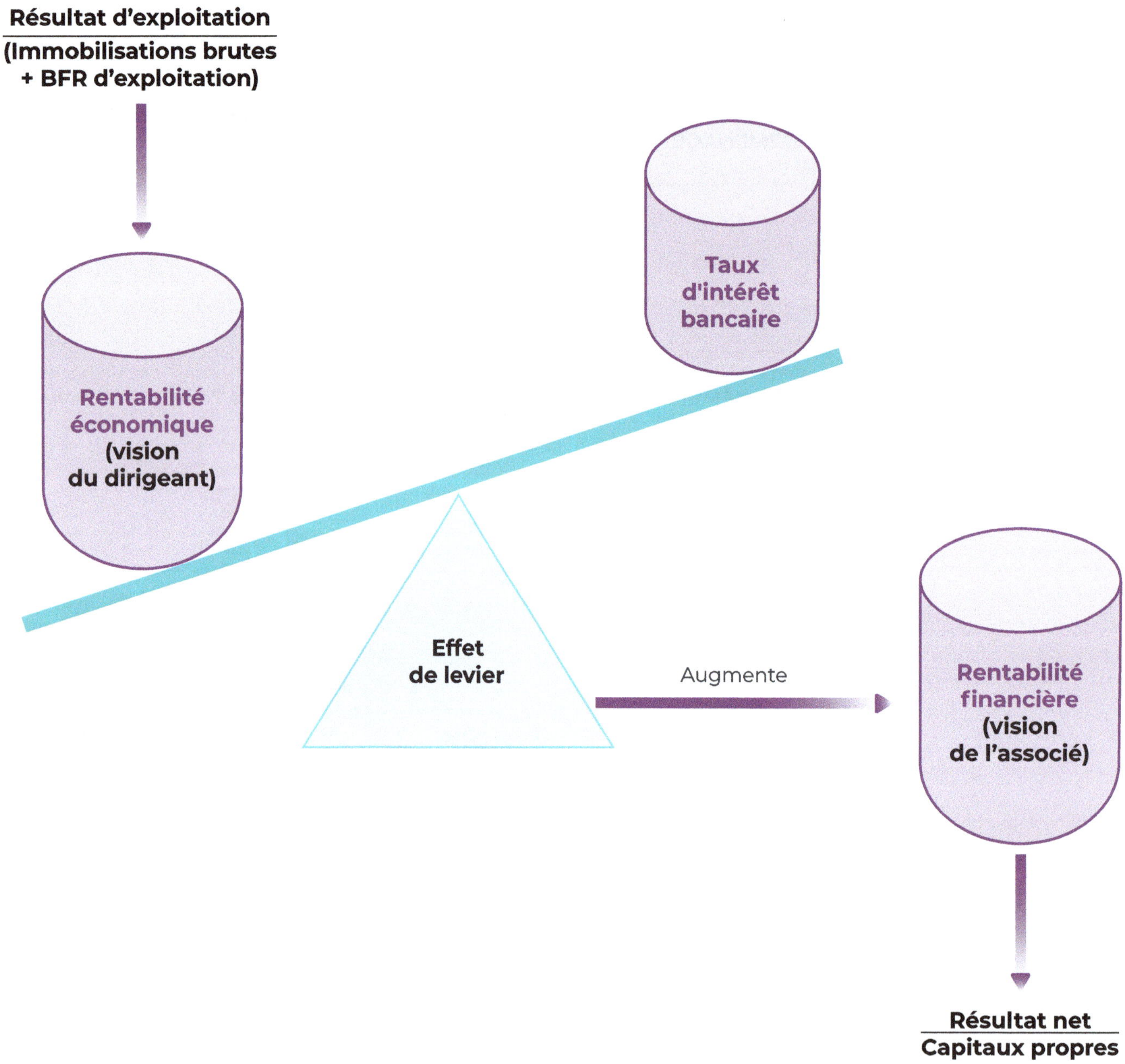

» LIEN AVEC LE MANAGEMENT, SCIENCES DE GESTION ET NUMÉRIQUE

Ressources financières : financement de l'investissement et de l'exploitation.

Se tester en ligne
https://eqrcode.co/a/H1mQ6g

Appliquer

Activité 1 Calculer les rentabilités économique et financière

EASYPRINT.xlsx

EASYPRINT est une entreprise spécialisée dans l'impression sur support rigide de panneau publicitaire extérieur.

L'entreprise a vu son activité exploser dès les premiers mois, allant même jusqu'à 4 années consécutives de croissance fulgurante. Elle souhaite accompagner son développement en effectuant les investissements nécessaires en N+1. Elle souhaite étudier l'impact de l'emprunt qu'elle va effectuer sur sa rentabilité. Le taux moyen d'intérêt des emprunts est de 2 % actuellement.

Annexe Données financières d'EASYPRINT

	N	N+1
Capitaux propres	60 000	60 000
Immobilisations brutes	110 000	153 000
BFRE	42 000	45 800
Résultat d'exploitation	10 200	13 350
Résultat net de l'exercice	6 120	8 010

1 Calculez les rentabilités économique et financière pour N et N+1.

2 Expliquer comment le mode de financement intervient sur la rentabilité de EASYPRINT. Conclure.

Activité 2 Constater l'impact du financement sur la rentabilité

SAS_BRANCO.xlsx

La **SAS BRANCO** projette d'investir 100 000 € (immobilisations et BFRE correspondants) dans l'acquisition d'une nouvelle machine. Elle envisage deux formes de financement et souhaite identifier l'impact de chaque mode de financement sur sa rentabilité.

1 Compléter l'annexe sur les hypothèses de financement.

2 Déterminer l'impact des modes de financement sur les rentabilités de la SAS BRANCO.

Annexe Synthèse des hypothèses de financement

Éléments relatifs au projet	Hypothèse 1 100 000 € par fonds propres	Hypothèse 2 50 000€ par fonds propres, 50 000 € par emprunt (taux de 2 %)
Résultat d'exploitation	15 000	
Résultat de l'exercice	9 000	
Immobilisations brutes + BFRE		
Emprunts		
Charges d'intérêts		
Capitaux propres investis		
Rentabilité économique		
Rentabilité financière		

Activité 3 Analyser la rentabilité d'une entreprise

La **société E3COM** se développe depuis plusieurs années. Cependant, l'arrivée d'un nouveau concurrent l'année passée et la volonté d'investir amènent les dirigeants à s'interroger sur la situation financière de l'entreprise. Une analyse de la rentabilité doit être mise en place, en comparaison avec une rentabilité économique moyenne du secteur estimé à 12 % et une rentabilité financière à 9 %.

E3COM envisage un financement en fonds propres pour la totalité des 350 000 € d'investissements.

1 **Rappeler la signification de la rentabilité économique puis de la rentabilité financière.**

2 **Préciser le principal destinataire de chacune de ces informations.**

3 **Calculer les rentabilités économiques et financières de E3COM. Le BFRE est de 15 000 € au 31/12/N.**

4 **Conclure sur la situation de l'entreprise au 31/12/N.**

5 **Identifier l'avantage d'un financement par fonds propres.**

6 **Déterminer (sans faire de calcul) si réaliser un emprunt au taux de 2 % pourrait être une solution favorable pour E3COM.**

Annexe 1 Extrait du compte de résultat de E3COM au 31/12/N

CHARGES (hors taxes)	N	PRODUITS (hors taxes)	N
Charges d'exploitation		**Produits d'exploitation**	
Achats de marchandises		Ventes de marchandises	
Variations des stocks de marchandises		Production vendue	14 455 632
Achats stockés de matières premières	8 556 330	Montant net du chiffre d'affaires	14 455 632
Variations des stocks d'approvisionnement	- 13 000	Production stockée	
Autres achats et charges externes	196 700	Production immobilisée	
Impôts, taxes et versements assimilés	536 000	Subventions d'exploitation	
Salaires et traitements	2 956 333	Reprises sur provisions (et amortissements)	10 000
Charges sociales	1 658 000	Autres produits	25 365
Dotations aux amortissements et aux provisions	11 000		
Autres charges	2 365		
Total des charges d'exploitation	13 903 728	**Total des produits d'exploitation**	14 490 997

Annexe 2 Bilan de l'entreprise E3COM au 31/12/N

ACTIF				PASSIF	
	Brut	Amort. et prov.	Net		
Actif immobilisé				**Capitaux propres**	
Immo. incorporelles	1 203 000	36 000	1 167 000	Capital	1 190 358
Immo. corporelles	1 900 265	737 860	1 162 405	Réserve	882 169
Immo. Financières	208 000	22 000	186 000	Résultat de l'exercice	346 667
Total actif immobilisé	3 311 265	795 860	2 515 405	**Total capitaux propres**	2 419 194
Actif circulant				**Emprunts et dettes**	
Stocks	2 252 765	10 000	2 242 765	Emprunts bancaires	2 350 002
Créances	3 523 123	356 000	3 167 123	Dettes fournisseurs	2 820 213
Disponibilités	174 116	0	174 116	Dettes autres	510 000
Total actif circulant	5 950 004	366 000	5 584 004	**Total emprunts et dettes**	5 680 215
TOTAL ACTIF	9 261 269	1 161 860	8 099 409	**TOTAL PASSIF**	8 099 409

CHAPITRE 9

L'analyse de la structure financière à partir du bilan fonctionnel

CAPACITÉS
- Évaluer globalement la situation financière de l'entreprise.
- Formuler des recommandations pour une amélioration de la structure financière.
- Analyser un bilan fonctionnel.
- Énoncer les limites de l'analyse fonctionnelle.

NOTIONS
- Bilan fonctionnel ; analyse des cycles d'exploitation, d'investissement et de financement ; ratio d'indépendance financière, ratio de remboursement, limites de l'analyse fonctionnelle.

2.2 - Quelle structure financière pour assurer la pérennité de l'entreprise ?

Contexte Ruault Constructions

» MISE EN SITUATION

La SARL RUAULT CONSTRUCTIONS est une entreprise réputée pour la qualité de ses équipes et de ses travaux de BTP dans toute la région Bretagne. Située à Dinard, la firme connait un fort développement de son activité depuis 3 ans et son dirigeant, Jules Ruault, réfléchit à recruter et à former plusieurs salariés.

Afin de s'assurer de la santé financière de son organisation, il charge sa comptable Lisa Chieux de réaliser l'analyse de la structure financière de la SARL avant d'engager le processus de recrutement. Elle a pour mission de porter un jugement sur la situation financière de l'entreprise. Elle doit prendre garde aux données du secteur pour les comparer à celles de RUAULT CONSTRUCTIONS et s'appuyer sur ses bilans fonctionnels des années N-1 et N.

Les caractéristiques principales de l'organisation	
Type	Entreprise privée
Statut	SARL
Taille	PME (Chiffre d'affaires de 333 713 € HT)
Les autres caractéristiques de l'organisation	
Nationalité	Française
Ressources humaines	25 salariés
Ressources financières	Capital social 11 000 €
Champ géographique	Régional

Découvrir

1 L'ANALYSE DES CYCLES D'EXPLOITATION, D'INVESTISSEMENT ET DE FINANCEMENT

Lisa étudie le bilan fonctionnel de RUAULT CONSTRUCTIONS au 31/12/N. Au contraire du bilan comptable qui met l'accent sur l'actif et le passif de l'entreprise pour donner une photographie du patrimoine, le bilan fonctionnel va permettre à la comptable d'analyser la structure financière de la SARL.

Le **bilan fonctionnel** est établi à partir du bilan comptable. Il se présente en **valeurs brutes** et est organisé par cycle (financement, investissement, exploitation).
L'objectif du bilan fonctionnel est d'analyser comment s'opèrent le financement de l'entreprise et la provenance de la trésorerie (ou son insuffisance). Il permet d'analyser le fonctionnement de l'entreprise, de juger de son équilibre financier et d'évaluer ses possibilités de développement.

Document 1 **Bilan fonctionnel au 31/12/N**

ACTIF	N-1	N	PASSIF	N-1	N
EMPLOIS STABLES			**RESSOURCES STABLES**		
Immobilisations incorporelles	0	0	Capitaux propres	18 222	28 852
Immobilisations corporelles	23 531	23 531	Amortissements et provisions	6 249	7 949
Immobilisations financières	14 510	16 457	Dettes financières stables	12 284	12 284
TOTAL 1	**38 041**	**39 988**	**TOTAL 1**	**36 755**	**49 085**
ACTIF CIRCULANT			**PASSIF CIRCULANT**		
Stock et en-cours	14 670	17 562	Dettes fournisseurs	20 514	17 284
Créances	9 404	12 650	Dettes fiscales et sociales	8 987	5 249
TOTAL 2	**24 074**	**30 212**	**TOTAL 2**	**29 501**	**22 533**
TRÉSORERIE ACTIVE			**TRÉSORERIE PASSIVE**		
VMP	2 114	400	Concours bancaires courants	5 060	3 542
Disponibilités	7 087	4 560			
TOTAL 3	**9 201**	**4 960**	**TOTAL 3**	**5 060**	**3 542**
TOTAL GÉNÉRAL	**71 316**	**75 160**	**TOTAL GÉNÉRAL**	**71 316**	**75 160**

1 **Identifier, dans le document 1, les zones de couleurs qui concernent l'emplacement des cycles de financement, d'exploitation et d'investissement. Justifier.**

2 **Déterminer pourquoi les cycles d'investissement et de financement peuvent être qualifiés de cycles longs.**

3 **Étudier l'actif et le passif circulant. Préciser pourquoi on qualifie le cycle d'exploitation de « cycle court ».**

2 LES VALEURS STRUCTURELLES DU BILAN FONCTIONNEL

Lisa souhaite analyser l'équilibre financier de RUAULT CONSTRUCTIONS. Elle va évaluer les valeurs structurelles de l'entreprise à partir du bilan fonctionnel au 31/12/N.

Un bilan structurellement bien équilibré implique que les actifs à long terme (emplois stables) représentant les investissements soient inférieurs au passif à long terme (ressources stables), c'est-à-dire les financements. Le rapprochement des investissements et des financements permet de mettre en évidence le Fonds de roulement net global (FRNG).

FRNG = Ressources stables – Emplois stables.

Un excédent de FRNG va permettre le financement du cycle d'exploitation de l'entreprise (Besoin en fonds de roulement ou BFR).

4 **Calculer le FRNG de RUAULT CONSTRUCTIONS pour N-1 et N (document 1).**

5 **Comparer la situation financière de l'entreprise entre N-1 et N.**

Le BFR correspond aux sommes nécessaires au financement du cycle d'exploitation.

BFR = Actif circulant – Passif circulant

La trésorerie nette est la résultante des variations conjointes du FRNG et du BFR.

Trésorerie nette = FRNG – BFR = Trésorerie active – Trésorerie passive

6 **Évaluer pour N-1 et N le BFR et la trésorerie nette de l'entreprise (avec les deux méthodes). Conclure.**

7 **Apporter une solution pour améliorer le FRNG. Identifier son impact sur les dimensions non financières de la performance.**

RUAULT CONSTRUCTIONS se développe rapidement et Lisa sait qu'il existe un risque mécanique d'augmentation du BFR. En effet, en travaillant avec davantage de clients qui paieront plusieurs semaines après les travaux et l'obligation d'augmenter les stocks en conséquence, les besoins de financement vont s'accentuer. Pour Lisa, l'augmentation du BFR dans ce contexte est une conséquence de la bonne santé de RUAULT CONSTRUCTIONS. Elle souhaite toutefois maîtriser ce phénomène, même s'il semble difficile d'allonger les délais de paiement aux fournisseurs.

8 **Proposer des solutions concrètes à Lisa afin de faire diminuer le BFR de l'entreprise.**

3 LES RATIOS D'ANALYSE FINANCIÈRE

Afin de finaliser son analyse de la situation financière de RUAULT CONSTRUCTIONS, Lisa décide de calculer les ratios du cycle d'exploitation, pour vérifier le niveau du BFR, ainsi que les ratios financiers de l'entreprise.

Document 2 **Les ratios du cycle d'exploitation de l'année N**

Ratios	Interprétation	Formules	RUAULT C.	Secteur
Rotation des stocks	Délai moyen de stockage en jours	$\frac{\text{Stock moyen}}{\text{Coût d'achat des marchandises vendues HT}^{1}} \times 360$		**28 jours**
Rotation des créances clients	Délai moyen accordé aux clients pour régler leurs créances en jours	$\frac{\text{Créances clients}}{\text{Chiffre d'affaires TTC}} \times 360$		**30 jours**
Rotation des dettes fournisseurs	Délai moyen accordé par les fournisseurs pour le règlement des dettes	$\frac{\text{Dettes fournisseurs}}{\text{Achats TTC}} \times 360$		**60 jours**

[1] *Ou coût de production des produits vendus HT pour les entreprises industrielles.*

Document 3 **Données de RUAULT CONSTRUCTIONS**

Coût de production des produits vendus HT = 270 690 €
Chiffre d'affaires TTC = 400 455 €
Achats de biens et services TTC = 120 300 €
Capacité d'autofinancement = 11 000 €

$$\text{Stock moyen} = \frac{\text{Stock initial} + \text{Stock final}}{2}$$

9 **Déterminer le stock moyen de RUAULT CONSTRUCTIONS (document 1).**

10 **Remplir le document 2. Commenter.**

Les **ratios de structure** doivent être analysés les uns par rapport aux autres et comparer dans le temps et par rapport aux moyennes du secteur d'activité.
- Le ratio **d'indépendance financière** permet de juger du niveau d'indépendance de l'entreprise vis-à-vis des banques. Il évalue la capacité d'endettement de l'entreprise. On considère que les emprunts doivent rester inférieurs aux capitaux propres, un ratio supérieur à 1 indique un recours trop important à l'emprunt bancaire.
- Le ratio **de capacité de remboursement** tient compte de la trésorerie potentielle dégagée par l'activité de l'entreprise. Le résultat donné par ce ratio doit être inférieur à 4, car au-delà il indiquerait que l'entreprise doit consacrer plus de 4 années de CAF pour rembourser ses dettes.

Document 4 **Les ratios de structure de l'année N**

Ratios	Formules	RUAULT C.	Secteur
Ratio d'indépendance financière	$\frac{\text{(Dettes financières + Concours bancaires)}}{\text{(Capitaux propres + Amortissements et dépréciations)}}$		**0,12**
Ratio de capacité de remboursement	$\frac{\text{(Dettes financières + Concours bancaires)}}{\text{CAF}}$		**2,15**

11 **Évaluer les ratios de structure (document 4). Commenter.**

Les limites de l'approche fonctionnelle

L'analyse fonctionnelle souffre de certaines critiques. L'augmentation du BFR lié aux créances clients ou aux stocks, peut être en réalité le signe d'un développement de l'entreprise. De la même manière, si l'augmentation des dettes fournisseurs a un impact positif sur le BFR, augmenter ses dettes ne peut pas être un objectif pour l'entreprise.

Il faut souligner que certaines mesures permettant d'améliorer la structure financière de l'entreprise peuvent avoir pour effet de dégrader d'autres dimensions de la performance. Un emprunt venant augmenter les ressources stables, va entraîner une diminution du résultat et peut amoindrir la performance financière. L'arrivée dans le capital de nouveaux actionnaires, pour consolider les capitaux propres, peut nécessiter une hausse des dividendes. Cela peut impacter d'éventuelles augmentations de salaires prévues et ainsi la performance sociale.

12 **Expliquer la logique de l'augmentation du BFR en N.**

À retenir

L'ANALYSE DE LA STRUCTURE FINANCIÈRE À PARTIR DU BILAN FONCTIONNEL

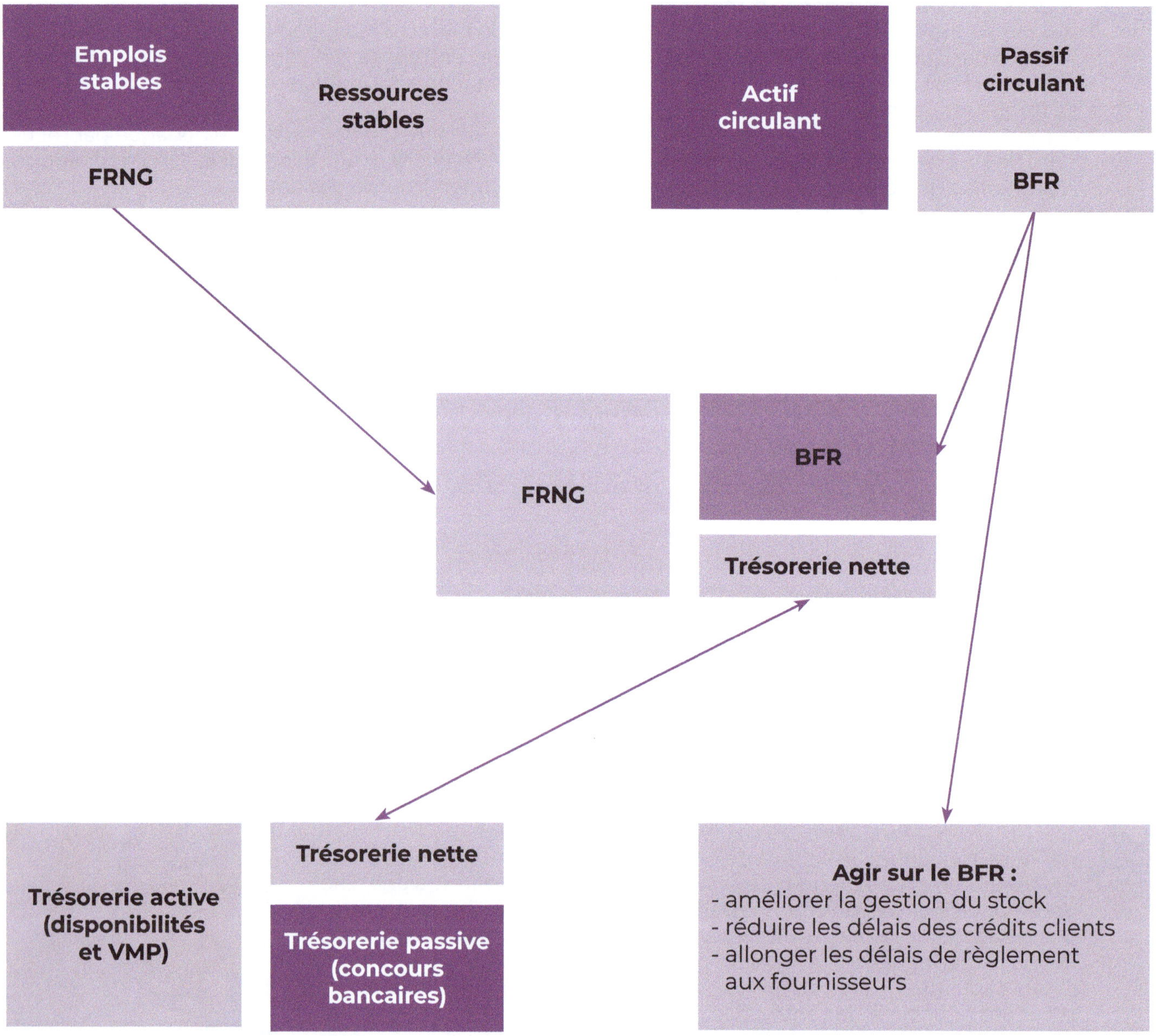

Se tester en ligne
https://eqrcode.co/a/4JcSUm

» LIEN AVEC LE MANAGEMENT, SCIENCES DE GESTION ET NUMÉRIQUE

Ressources financières : financement de l'investissement et de l'exploitation, analyse fonctionnelle du bilan.

Appliquer

Activité 1 Distinguer les cycles d'exploitation, d'investissement et de financement

https://eqrcode.co/a/2zGaGt

Classer les éléments suivants dans la carte mentale en annexe **:** terrains, résultat de l'exercice, dettes sur immobilisation, valeurs mobilières de placement, réserve légale, concours bancaires courants, stocks et en-cours, dettes de sécurité sociale, créances clients, immobilisations financières.

Annexe **Carte mentale des cycles du bilan fonctionnel**

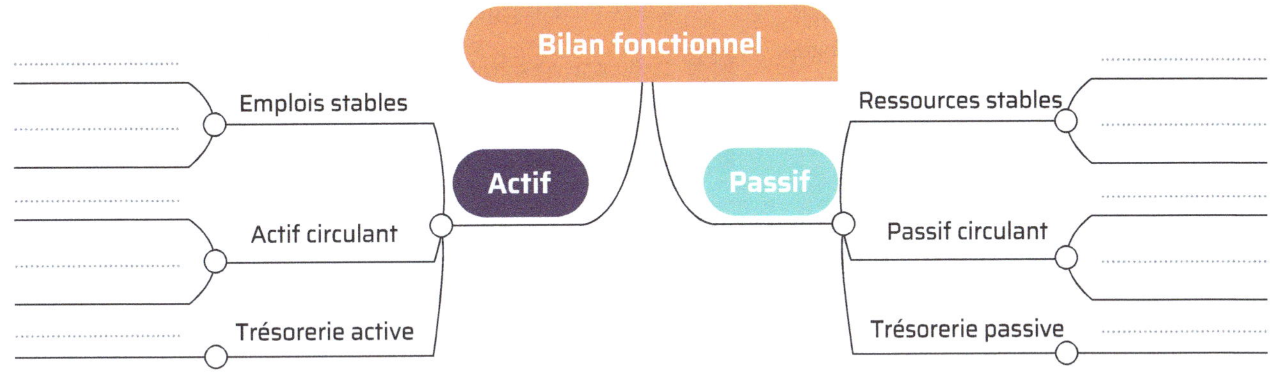

Activité 2 Analyser un bilan fonctionnel simple

MONDELEZ.xlsx

L'usine **MONDELEZ** de Granville produit principalement des biscottes, toasts, pains de mie et grillé, sous les marques HEUDEBERT et PELLETIER pour près de 11 000 tonnes par an.

1 **Calculer, à partir du bilan fonctionnel condensé, le fonds de roulement net global, le besoin en fonds de roulement et la trésorerie nette (avec les deux méthodes) pour l'année N.**

2 **Commenter les résultats obtenus.**

Annexe **Bilan fonctionnel condensé au 31 décembre N**

ACTIF		PASSIF	
Emplois stables	347 949 930	Ressources stables	295 879 305
Actif circulant (hors trésorerie)	37 200 568	Passif circulant (hors trésorerie)	89 504 815
Trésorerie active	256 887	Trésorerie passive	23 265
Total général	**385 407 385**	**Total général**	**385 407 385**

Activité 3 Calculer les valeurs structurelles et les ratios d'analyse financière

SARL_LLEDO.xlsx

Partie 1 - Évaluer la structure financière d'une entreprise

La **SARL LLEDO** est une entreprise commerciale spécialisée dans la vente de meubles et d'appareils électroménagers pour les entreprises de restauration collective. Son chiffre d'affaires est de 1 200 350 € TTC.

1 Évaluer le FRNG, le BFR et la trésorerie nette (avec les deux méthodes) de l'entreprise LLEDO.

2 Calculer les ratios de la SARL LLEDO et compléter l'annexe 3.

3 Commenter la situation financière de la SARL LLEDO. Comparer l'entreprise avec les ratios du secteur.

Annexe 1 Bilan fonctionnel de la SARL LLEDO

ACTIF		PASSIF	
Éléments	Année N	Éléments	Année N
ACTIF IMMOBILISÉ		**CAPITAUX STABLES**	
Immobilisations incorporelles	10 000	Capitaux propres	77 400
Immobilisations corporelles	192 000	Amortissements, dépr.	88 300
Immobilisations financières	25 300	Dettes financières	120 000
ACTIF CIRCULANT		**PASSIF CIRCULANT**	
Stocks	90 000	Dettes fournisseurs	111 800
Créances clients	94 440	Dettes fiscales	15 500
TRÉSORERIE ACTIVE		**TRÉSORERIE PASSIVE**	
Disponibilités	7 160	Concours bancaires	5 900
Total général	**418 900**	**Total général**	**418 900**

Annexe 2 Informations complémentaires

	Au 01/12/N	Au 31/12/N
Stocks	87 000 €	Voir bilan
Coût d'achat des marchandises HT	N.I.	620 000 €
Achats et services extérieurs TTC	N.I.	1 232 000 €
Capacité d'autofinancement	N.I.	136 000 €

Annexe 3 Tableau récapitulatif des ratios de la SARL LLEDO pour l'année N

Ratios d'analyse financière	SARL LLEDO	Secteur
Rotation des stocks		35 jours
Rotation des créances clients		29 jours
Rotation des dettes fournisseurs		15 jours
Ratio d'indépendance financière		0,35
Ratio de capacité de remboursement		2,1

Partie 2 - Améliorer la structure financière

4 Modifier le bilan fonctionnel pour prendre en compte l'emprunt et l'entrée à l'actif du matériel de gestion des stocks (annexe 4).

5 Préciser les nouvelles valeurs structurelles (FRNG, BFR, trésorerie) et les nouveaux ratios de structure (annexe 5).

6 Commenter la nouvelle situation financière de la SARL LLEDO.

Conscient que les délais de rotation des stocks étaient excessifs, la **SARL LLEDO** a décidé d'investir pour 50 000 € HT dans un nouveau système de gestion des stocks entièrement financé par emprunt. Chaque salarié sera ainsi équipé d'une tablette tactile et d'un pistolet laser capable de scanner les codes-barres.

Annexe 4 Bilan fonctionnel de la SARL LLEDO (après investissement)

ACTIF		PASSIF	
Éléments	**Année N**	**Éléments**	**Année N**
EMPLOIS STABLES		**RESSOURCES STABLES**	
Immobilisations incorporelles		Capitaux propres	
Immobilisations corporelles		Amortissements, dépr.	
Immobilisations financières		Dettes financières	
ACTIF CIRCULANT		**PASSIF CIRCULANT**	
Stocks		Dettes fournisseurs	
Créances clients		Dettes fiscales	
TRÉSORERIE ACTIVE		**TRÉSORERIE PASSIVE**	
Disponibilités		Concours bancaires	
Total général		**Total général**	

Annexe 5 Informations financières après investissement

	SARL LLEDO	Secteur
FRNG		N.I.
BFR		
Trésorerie		
Ratio d'indépendance financière		0,35
Ratio de capacité de remboursement		2,1

Activité 4 Évaluer la situation financière d'une entreprise

ONANA.xlsx

LA Confiserie ONANA fabrique et commercialise des bonbons et des sucreries haut de gamme. Dans un contexte de forte concurrence, la gérante souhaite assurer son développement et accroître son volume de production. Pour cela, elle veut connaître ses capacités de financement.

1 Retrouver par le calcul le ratio d'indépendance financière de LA CONFISERIE ONANA (annexe 1).

2 À l'aide de l'annexe 1, comparer la situation de LA CONFISERIE ONANA avec celle de ses concurrents.

3 Rechercher sur Internet des solutions pour réduire les créances clients de l'entreprise.

4 Après avoir calculé le fonds de roulement, le besoin en fonds de roulement et la trésorerie nette, commenter l'équilibre financier de l'entreprise.

Annexe 1 Ratios du cycle d'exploitation et de structure

Ratios	Formules	LA CONFISERIE ONANA	Secteur
Rotation des créances clients	$\frac{\text{Créances clients}}{\text{Chiffre d'affaires TTC}}$ x 360 jours	42 jours	35 jours
Rotation des dettes fournisseurs	$\frac{\text{Dettes fournisseurs}}{\text{Achats TTC}}$ x 360 jours	30 jours	60 jours
Indépendance financière	$\frac{\text{(Dettes financières + Concours bancaires courants)}}{\text{(Capitaux propres + Amortissements et dépréciations)}}$	....	0,40

Annexe 2 Bilan fonctionnel de LA CONFISERIE ONANA au 31 décembre N

ACTIF		PASSIF	
Éléments	**Année N**	**Éléments**	**Année N**
EMPLOIS STABLES		**RESSOURCES STABLES**	
Immobilisations incorporelles	2 750	Capitaux propres	196 230
Immobilisations corporelles	259 220	Amortissements, dépréciations	12 600
Immobilisations financières	0	Dettes financières	78 596
ACTIF CIRCULANT		**PASSIF CIRCULANT**	
Stocks	18 700	Dettes fournisseurs	19 865
Créances clients	41 000	Dettes fiscales et sociales	25 689
TRÉSORERIE ACTIVE		**TRÉSORERIE PASSIVE**	
Disponibilités	13 000	Concours bancaires	1 690
Total général	**334 670**	**Total général**	**334 670**

CHAPITRE 10

Les modalités de financement et les critères d'arbitrage

CAPACITÉS » Recenser les différents modes de financement mobilisables.
» Identifier les paramètres qui vont influencer l'arbitrage entre différents modes de financement à long terme et comprendre les enjeux de cet arbitrage en fonction de la situation de l'entreprise et de sa stratégie.

NOTIONS » Les financements internes : autofinancement, apports personnels des associés en compte courant.
» Les financements externes : emprunt bancaire, augmentation de capital, financement participatif, subvention.

3.1 - Quels critères d'arbitrage entre les modalités de financement de l'organisation ?

Contexte Pizza Buffetti

» MISE EN SITUATION

PIZZA BUFFETTI est le restaurant italien numéro 1 en Guyane. Les gourmands qui habitent aux alentours des établissements de Cayenne, Mana ou Kourou peuvent découvrir toute la richesse de la cuisine italienne à travers un concept de restaurant proposant des pizzas à la fois savoureuses, artisanales et abordables.

PIZZA BUFFETTI, c'est avant tout la volonté d'une jeune femme, Marie, ex-enseignante qui a abandonné la craie et les tableaux noirs pour créer son restaurant. Son enseigne met en avant la gastronomie italienne, sa vraie passion. Pour l'aider, ses parents ont apporté des fonds pour créer la société, mais ne s'impliquent pas dans la gestion ou dans la vie du restaurant.

La première de ses trois pizzerias, ouverte à Kourou en 2002, est rapidement un succès et Marie ouvre très vite deux autres établissements dans la région.

Aujourd'hui, la demande croissante de restauration des écotouristes venus profiter de la faune et de la flore, mais ne souhaitant pas toujours profiter d'un service à table, pousse Marie à réfléchir à l'opportunité d'acquérir des distributeurs automatiques de pizzas fraîches pour faire croître son affaire. Vendue 50 000 €, la machine se présente sous la forme d'un kiosque avec un écran tactile permettant de commander la pizza de son choix. Au bout de deux à trois minutes, la pizza est cuite et prête à consommer.

Marie souhaite étudier les modalités de financement de cette nouvelle activité pour réaliser les arbitrages nécessaires.

Les caractéristiques principales de l'organisation	
Type	Entreprise privée
Secteur d'activité	Tertiaire : Service de restauration
Statut	SARL
Taille	PME (15 salariés)
Les autres caractéristiques de l'organisation	
Nationalité	Française
Ressources matérielles	Trois restaurants implantés en Guyane (973)
Ressources immatérielles	Site internet
Champ géographique	Régional

Découvrir

1 LES FINANCEMENTS INTERNES

Le comptable de PIZZA BUFFETTI étudie le bilan pour vérifier si la trésorerie est suffisante pour autofinancer l'investissement de 50 000 €. Si cette modalité est retenue, il devra informer les associés que ce financement interne se fait au détriment du versement de dividendes. Une assemblée générale ordinaire (AGO) devra arbitrer ce choix dans quelques semaines. Le versement prévu de dividendes devait s'élever pour cet exercice à 1 400 €, il aurait pour conséquence de diminuer les fonds propres et la trésorerie.

Document 1 **Bilan simplifié de PIZZA BUFFETTI au 31/12/N (avant répartition du bénéfice)**

ACTIF	Brut	Amort. & Dép.	Net	PASSIF	Net
ACTIF IMMOBILISÉ				**CAPITAUX PROPRES**	
Fonds commercial	20 581		20 581	Capitaux	7 600
Installations techniques	5 163	2 783	2 380	Réserves	2 200
Autres immobilisations	14 510	9 466	5 044	Résultat de l'exercice	8 400
TOTAL 1	**40 254**	**12 249**	**28 005**	**TOTAL 1**	**18 200**
ACTIF CIRCULANT				**DETTES**	
Stock de matières 1res	4 670		4 670	Emprunts	14 284
Créances clients	1 404		1 404	Dettes fournisseurs	6 252
Autres créances	10 057		10 057	Dettes fiscales et sociales	2 873
Disponibilités	2 533		2 533	Autres dettes	5 060
TOTAL 2	**18 664**	**0**	**18 664**	**TOTAL 2**	**28 469**
TOTAL GÉNÉRAL	**58 918**	**12 249**	**46 669**	**TOTAL GÉNÉRAL**	**46 669**

1 **Retrouver le montant de trésorerie disponible au 31/12/N (document 1).**

....

....

2 **Qualifier le montant de la trésorerie disponible pour l'investissement. Commenter.**

....

....

....

....

....

....

Document 2 **Bilan simplifié de PIZZA BUFFETTI au 31/12/N (après répartition des bénéfices)**

ACTIF	Brut	Amort. & Dép.	Net	PASSIF	Net
ACTIF IMMOBILISÉ				**CAPITAUX PROPRES**	
Fonds commercial	20 581		20 581	Capitaux	7 600
Installations techniques	5 163	2 783	2 380	Réserves	
Autres immobilisations	14 510	9 466	5 044		
TOTAL 1	**40 254**	**12 249**	**28 005**	**TOTAL 1**	
ACTIF CIRCULANT				**DETTES**	
Stock de matières 1res	4 670		4 670	Emprunts	14 284
Créances clients	1 404		1 404	Dettes fournisseurs	6 252
Autres créances	10 057		10 057	Dettes fiscales et sociales	2 873
Disponibilités				Autres dettes	5 060
TOTAL 2		**0**		**TOTAL 2**	**28 469**
TOTAL GÉNÉRAL		**12 249**		**TOTAL GÉNÉRAL**	

3 **Identifier le montant du bénéfice qui devrait être affecté en réserves lors de l'AGO. Compléter dans cette hypothèse le bilan de PIZZA BUFFETTI après répartition des bénéfices (document 2).**

4 **Préciser la conséquence pour les associés de PIZZA BUFFETTI d'une affectation de la totalité des bénéfices réalisés en N au financement du distributeur automatique de pizzas.**

5 **Commenter l'impact que pourrait avoir cette décision sur les associés d'une entreprise dont le capital est détenu par des investisseurs institutionnels (banques, sociétés d'assurance...).**

Afin de ne pas dégrader la trésorerie, il est décidé par les associés de laisser leurs 1 400 € de dividendes en comptes courants d'associés. Les associés s'engagent à ne pas y faire de prélèvement dans l'année. Les 3 associés se mettent d'accord lors de l'AG sur un taux d'intérêt de 2 % l'an.

Intérêts = Sommes prêtées x Taux en %

6 **Évaluer le montant théorique des intérêts à percevoir au 31/12/N+1 par les associés de PIZZA BUFFETTI. Préciser l'incidence sur le résultat de l'entreprise.**

2 LES FINANCEMENTS EXTERNES

Étant donné la faiblesse des montants dégagés par les modes de financement internes, Marie décide de réfléchir aux autres solutions évoquées par Axel. Elle fait des recherches sur le financement participatif et décide également de contacter deux banques afin de comparer leurs propositions.

Document 3 Crowdfunding : tout savoir avant de se lancer ! (Extraits)

À qui s'adresse le crowdfunding ?

Il s'adresse à tous : entreprises, particuliers, associations, collectivités, etc.

Mais il est particulièrement adapté pour les entreprises. Notamment pour les créateurs et repreneurs d'entreprises, les PME et jeunes entreprises innovantes qui peuvent rencontrer des difficultés à mobiliser les fonds nécessaires à la mise en œuvre de leur projet via les modes de financements traditionnels.

Généralement, le financement participatif est mobilisé dans les cas suivants :

- lorsqu'on ne veut pas ou ne peut pas faire appel à un établissement bancaire ;
- lorsqu'on recherche un moyen complémentaire de financement ;
- lorsqu'on souhaite tester son projet auprès du marché en se constituant une communauté de clients ou d'utilisateurs potentiels.

Crowdfunding : comment ça marche ?

Il existe trois types de financement participatif :

- le don : avec ou sans contreparties non financières ;
- le prêt : qui permet de financer des projets via des prêts gratuits ou rémunérés ;
- l'investissement qui permet de financer un projet entrepreneurial via la souscription de titres de capital ou de créance, et dont la contrepartie est la participation aux éventuels bénéfices du projet.

https://www.economie.gouv.fr/entreprises/crowdfunding-financement-participatif

RATIO D'INDÉPENDANCE FINANCIÈRE

Un ratio supérieur à 1 indique un recours trop important à l'emprunt bancaire.

Ratio d'indépendance financière = Dettes financières[1]/(Capitaux propres + Amortissements et Dépréciations)

[1] *Concours bancaires courants compris.*

Document 4 Financement participatif - traduction dans les comptes

- Le prêt participatif se comptabilise comme un emprunt « normal ». Le montant du prêt est inscrit au passif du bilan dans un compte de classe 16. Les charges d'intérêts seront enregistrées au débit en charges financières, dans un compte de classe 66 venant diminuer le résultat comptable.
- L'investissement en capital va permettre une augmentation des fonds propres au bilan (compte 10). En contrepartie, les associés apporteurs de capitaux vont se voir offrir des parts du capital de la société. Les dividendes versés aux associés seront comptabilisés dans un compte de tiers (compte 45).

7 Chercher quels sont les avantages pour Marie de faire appel à un financement participatif.

8 Indiquer dans le tableau ci-dessous, comment vont varier les éléments du bilan et du compte de résultat dans le cas d'un financement participatif par le biais d'un prêt puis d'une participation au capital.

	Compte de résultat		Bilan		Trésorerie
	Charges	Produits	Actif	Passif	
Prêt		=			↗
Augmentation de capital					↗

9 À partir des données du bilan de PIZZA BUFFETTI (document 2), montrer que le ratio d'indépendance financière peut être un frein à l'emprunt.

Marie cherche à trouver l'offre bancaire la moins difficile à supporter en termes de décaissements annuels. Devant la réticence des établissements bancaires, après leur lecture des bilans de l'entreprise, elle réfléchit à augmenter le capital de PIZZA BUFFETTI pour les rassurer sur sa capacité à rembourser. Elle reçoit tout de même les simulations de deux banques, mais elle devra présenter un patrimoine plus rassurant pour obtenir le prêt définitif.

Document 5 **Banque de Cayenne (remboursement par amortissements constants)**

Montant de l'emprunt : 40 000 €			Durée de l'emprunt : 6 ans Taux de l'emprunt : 2,9 %	
Années	Capital début de période	Intérêts	Amortissements	Annuités
N+1	40 000,00 €	1 160,00 €	6 666,67 €	7 826,67 €
N+2	33 333,33 €	966,67 €	6 666,67 €	7 633,34 €
N+3	26 666,66 €	773,33 €	6 666,67 €	7 440,00 €
N+4	20 000,00 €	580,00 €	6 666,67 €	7 246,67 €
N+5	13 333,33 €	386,67 €	6 666,67 €	7 053,33 €
N+6	6 666,67 €	193,33 €	6 666,67 €	6 860,00 €

10 Compléter le tableau ci-dessous pour déterminer comment sont calculés les éléments du tableau d'emprunt. Justifier votre réponse en retrouvant les montants correspondants pour l'année N+2.

Éléments	Explication du calcul	Montants en N+2
Les intérêts		
L'amortissement		
L'annuité		
Le capital début de période		

11 Expliquer pourquoi le montant des annuités diminue d'année en année.

Document 6 Crédit du Maroni (remboursement par annuités constantes)

Montant de l'emprunt : 40 000 €			Durée de l'emprunt : 5 ans Taux de l'emprunt : 3 %	
Années	**Capital début de période**	**Intérêts**	**Amortissements**	**Annuités**
N+1	40 000,00 €	1 200,00 €	7 534,18 €	8 734,18 €
N+2	32 465,82 €	973,97 €	7 760,21 €	8 734,18 €
N+3	24 705,61 €	741,17 €	7 993,01 €	8 734,18 €
N+4	16 712,59 €	501,38 €	8 232,81 €	8 734,18 €
N+5	8 479,79 €	254,39 €	8 479,79 €	8 734,18 €

Annuité constante = Montant emprunté x Taux/(1 – (1 + Taux)$^{-\text{durée}}$)

12 Retrouver le montant de l'annuité constante par le calcul.

13 **Identifier le coût de chaque proposition et préciser l'incidence de ce mode de financement sur le résultat.**

14 **Conseiller Marie sur le choix le plus adapté à la situation de son entreprise.**

Marie prépare un projet d'émission de nouvelles parts sociales pour un montant de 10 000 € (100 parts sociales de 100 €) qui verrait, notamment, entrer dans le capital son frère Émeric. Cette augmentation de capital vise à rassurer les banques dans l'optique de son emprunt de 40 000 €. Elle devra présenter son projet lors d'une assemblée générale extraordinaire des associés. Actuellement, le capital se compose de 76 actions de 100 €. Le montant de l'augmentation de capital viendra s'ajouter à la trésorerie.

Document 7 **Répartition du capital de PIZZA BUFFETTI**

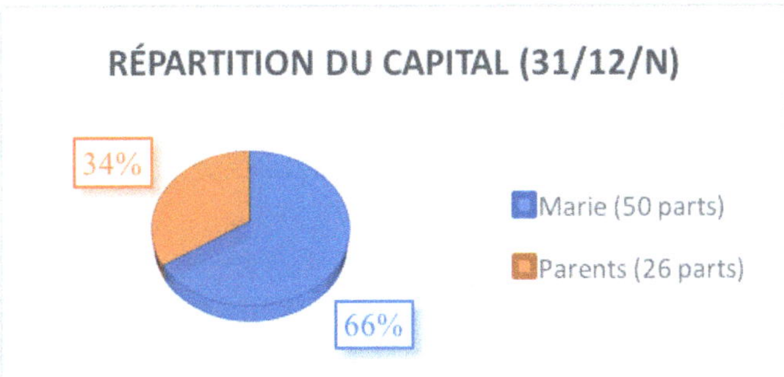

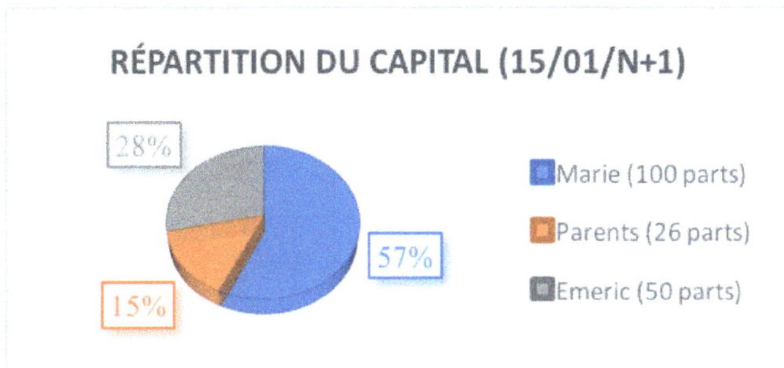

15 **Repérer l'impact de l'augmentation de capital sur la répartition du pouvoir chez PIZZA BUFFETTI.**

16 **À partir du document 2, présenter le bilan prévisionnel au 15/01/N+1 en complétant le document 8 et en prenant en compte les modes de financement que souhaite retenir Marie ainsi que l'investissement de 50 000 € dans le distributeur de pizzas.**

Document 8 **Bilan prévisionnel simplifié de PIZZA BUFFETTI au 15/01/N+1 (après financement du distributeur)**

ACTIF	Brut	Amort. & Dép.	Net	PASSIF	Net
ACTIF IMMOBILISÉ				**CAPITAUX PROPRES**	
Fonds commercial	20 581		20 581	Capitaux	
Installations techniques		2 783		Réserves	9 200
Autres immobilisations	14 510	9 466	5 044		
TOTAL 1		**12 249**		**TOTAL 1**	
ACTIF CIRCULANT				**DETTES**	
Stock de matières 1res	4 670		4 670	Emprunts	
Créances clients	1 404		1 404	Dettes fournisseurs	6 252
Autres créances	10 057		10 057	Dettes fiscales et sociales	2 873
Disponibilités	1 133		1 133	Autres dettes	5 060
TOTAL 2	**17 264**	**0**	**17 264**	**TOTAL 2**	
TOTAL GÉNÉRAL		**12 249**		**TOTAL GÉNÉRAL**	

Ratio de capacité de remboursement = Dettes financières/CAF

On considère en général que les emprunts doivent pouvoir être remboursés en 3 années de CAF.

17 **Sachant que la CAF de PIZZA BUFFETTI est de 4 500 € au 15/01/N+1, retrouver les ratios d'indépendance financière et de capacité de remboursement de PIZZA BUFFETTI (document 9). Conclure sur les chances de Marie d'obtenir l'emprunt auprès des banques.**

Document 9 **Indicateurs de rentabilité**

Ratios	Justification des calculs	15/01/N+1	31/12/N
Indépendance financière			**0,49**
Capacité de remboursement			**3,17**

LES MODALITÉS DE FINANCEMENT ET LES CRITÈRES D'ARBITRAGE

1 FAIRE UN CHOIX

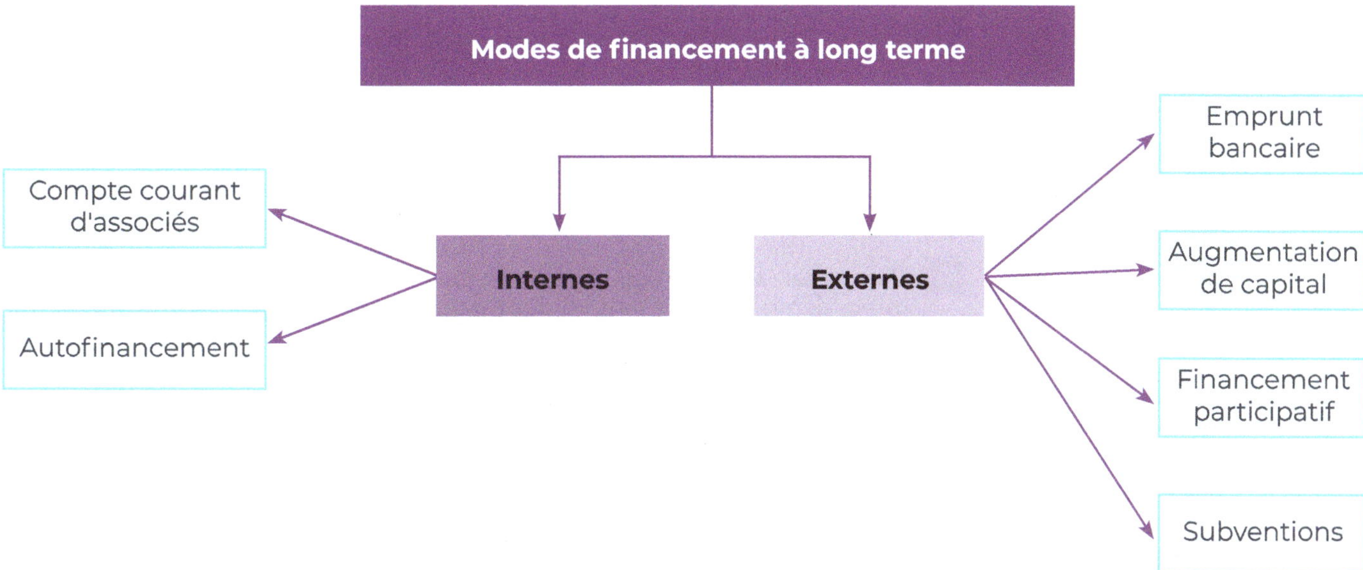

2 ARBITRER AVEC DES CRITÈRES

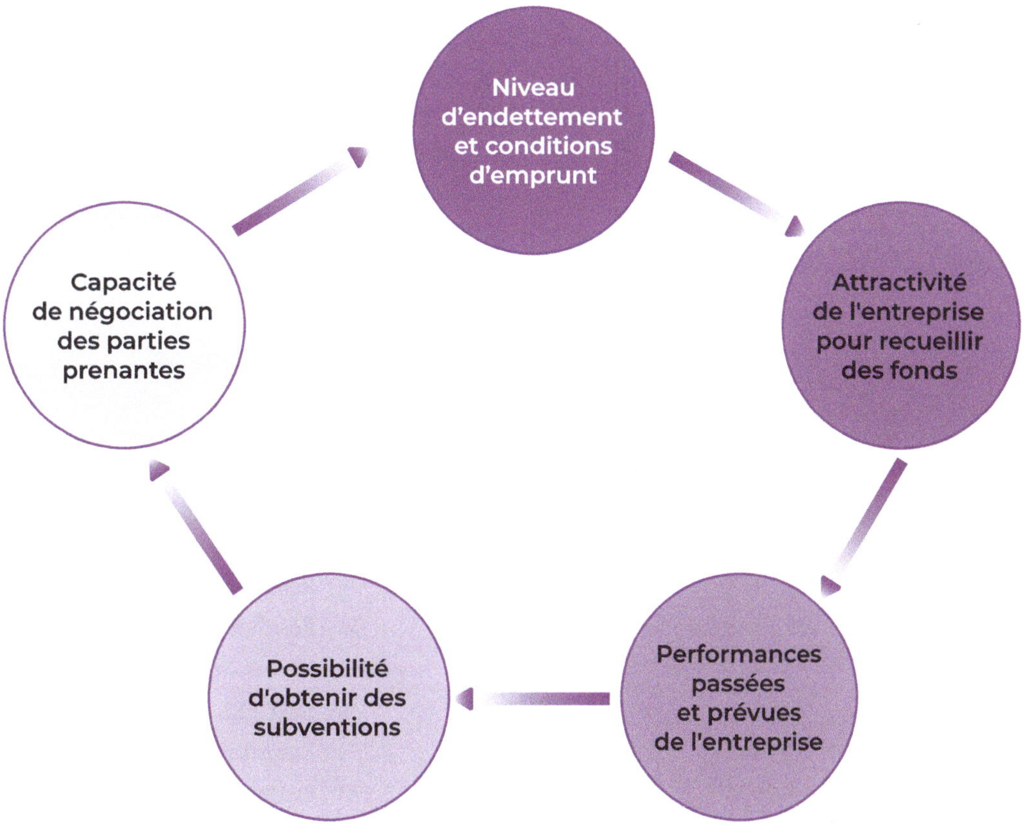

Se tester en ligne
https://eqrcode.co/a/tikkr3

» LIEN AVEC LE MANAGEMENT, SCIENCES DE GESTION ET NUMÉRIQUE
Ressources financières • Communication financière

Appliquer

Activité 1 Financer le remplacement du matériel informatique

BURONORMAND.xlsx

Créée en 2003 par M. Turmel, l'entreprise Havraise **BURONORMAND** conçoit et fabrique dans son usine des mobiliers de bureau reconnus pour leur qualité et leur simplicité de montage. Le dirigeant souhaite remplacer le matériel informatique du service comptable et se pose la question de son financement.

1. **Relever le montant de l'investissement à financer (annexe 1).**
2. **Étudier la trésorerie disponible au bilan (annexe 2). Conclure sur son éventuelle utilisation dans ce projet.**
3. **Retrouver les ratios d'indépendance financière et de capacité de remboursement de BURONORMAND avant l'investissement (annexe 3). Commenter.**
4. **Compléter la simulation d'emprunt (annexe 4) qui permettrait de financer intégralement le montant HT des matériels informatiques. Retrouver le coût de ce financement.**

Annexe 1 Extrait du devis pour le matériel informatique

Quantité	Désignation	Prix unitaire HT	Total
1	Imprimante laser	400,00	400,00
4	Unité centrale	600,00	2 400,00
4	Écran de PC	150,00	600,00
		Total HT	3 400,00
		TVA 20 %	680,00
		Total TTC	4 080,00

Annexe 2 Bilan simplifié de BURONORMAND au 31/12/N (en milliers d'euros)

ACTIF	Brut	Amort. et dépréciations	Net	PASSIF	Net
ACTIF IMMOBILISÉ				**CAPITAUX PROPRES**	
Immos incorporelles	623		623	Capitaux	5 800
Immos corporelles	4 214	275	3 939	Réserves	2 000
Immo financières	58	6	52	Résultat de l'exercice	211
TOTAL 1	**4 895**	**281**	**4 614**	**TOTAL 1**	**8 011**
ACTIF CIRCULANT			**0**	**DETTES**	
Stocks	2 734		2 734	Emprunts	2 719
Créances clients	5 200	47	5 153	Dettes fournisseurs	2 200
Autres créances	1 331		1 331	Dettes fiscales et sociales	520
Disponibilités	1 018		1 018	Autres dettes	1 400
TOTAL 2	**10 283**	**47**	**10 236**	**TOTAL 2**	**6 839**
TOTAL GÉNÉRAL	**15 178**	**328**	**14 850**	**TOTAL GÉNÉRAL**	**14 850**

Annexe 3 Indicateurs de structure

	BURONORMAND	Secteur
Périodes	Avant l'investissement	N
CAF	2 000 €	-
Ratio d'indépendance financière		0,5
Capacité de remboursement		2

Annexe 4 Simulation de prêt (par amortissements constants)

Durée (ans) : 3		Taux d'intérêt : 2,70 %			
Années	**Capital début de période**	**Intérêts**	**Amortissements**	**Annuités**	**Capital restant dû (fin de période)**
N+1					
N+2					
N+3					

Activité 2 Financer des investissements

FLEURS_EN_FETE.xlsx

Partie 1 - Comparer deux emprunts

Magasin indépendant, **FLEURS EN FÊTE** existe depuis trois ans et a ouvert le 3 juillet N. Le gérant Samir, âgé de 29 ans, travaille avec quatre employées et un apprenti. Dans sa boutique d'Argentan, ce fleuriste est intarissable sur sa passion : les fleurs. Ses bouquets sont à l'image de son magasin : rayonnant, coloré, plein de joie.

Dans un marché très concurrentiel et soumis à une forte saisonnalité, **FLEURS EN FÊTE** souhaite réaliser les efforts nécessaires à sa pérennité. Pour ce faire, Samir envisage des travaux d'un montant de 65 000 € pour donner une nouvelle jeunesse à sa boutique.

1 Citez les avantages du financement par autofinancement.

2 À partir des modèles (annexes 3 et 4), réaliser les tableaux de remboursement d'emprunt.

3 Comparer le coût des emprunts (annexe 2). Déterminer la proposition de prêt la plus favorable.

4 Préciser à Samir le coût total du financement de son projet.

5 Indiquer les conséquences de ce financement mixte sur le résultat de l'entreprise.

Annexe 1 Détail du financement

Autofinancement : 5 000 €
Emprunt bancaire : 60 000 €

Annexe 2 Comparaison des propositions de prêt

	CRÉDIT MUTUEL	CRÉDIT DU NORD
Total des intérêts		
Frais de dossier		
Assurance		
Coût de l'emprunt		

Annexe 3 Proposition de prêt - Crédit Mutuel (par amortissements constants)

Montant emprunté : 60 000 € Frais de dossier : 500 €			Durée (ans) : 6 Taux d'intérêt : 5,00 % Assurance (par an) : 20 €		
Années	Capital début de période	Intérêts	Amortissements	Annuités	Capital restant dû (fin de période)
N+1					
N+2					
N+3					
N+4					
N+5					
N+6					

Annexe 4 Proposition de prêt - Crédit du Nord (par annuités constantes)

Montant emprunté : 60 000 € Annuité constante : 11 707,88 € Frais de dossier : 250 €			Durée (ans) : 6 Taux d'intérêt : 4,70 % Assurance (par an) : 35 €		
Années	Capital début de période	Intérêts	Amortissements	Annuités	Capital restant dû (fin de période)
N+1					
N+2					
N+3					
N+4					
N+5					
N+6					

Partie 2 - Faire appel aux associés

La famille de Samir lui déconseille fortement de se financer par emprunt. Confiant dans le projet du jeune entrepreneur, ses deux frères, Moncef et Bilal, lui proposent d'entrer dans le capital de **FLEURS EN FÊTE** pour 30 000 € chacun. Ses parents, Corine et Nabil, déjà associés de l'entreprise, souhaitent quant à eux financer la totalité des 60 000 € manquants par le biais d'apports en comptes courants d'associés.

6 **Identifier le coût du financement du projet par les fonds apportés en comptes courants d'associés (annexe 5).**

7 **Comparer ce coût avec celui de l'emprunt sélectionné dans la partie 1. Commenter.**

8 **Réaliser des graphiques sur tableur représentant la répartition des droits des associés, avant et après la répartition du capital. Préciser le risque de cette nouvelle répartition pour Samir.**

9 **Évaluer et commenter les dividendes perçus par chaque actionnaire, avant et après l'augmentation de capital.**

10 **Déterminer l'influence sur le bilan et le compte de résultat de FLEURS EN FÊTE de l'augmentation de capital et du versement des dividendes aux associés.**

Annexe 5 Rémunération comptes courants

Taux annuel de rémunération des apports en comptes courants d'associés : 1 %.
Les fonds seront mobilisés durant 6 ans.

Annexe 6 Prévisions de dividendes N+1

Dividendes : 5 000 €

Annexe 7 Détention du capital social

Avant augmentation de capital	Après augmentation de capital	
Samir 1 200 parts Corine 150 parts Nabil 150 parts Soit un total de 1 500 parts d'une valeur nominale de 10 € chacune.	Samir 1 200 parts Corine 150 parts Nabil 150 parts Moncef 1 000 parts Bilal 1 000 parts	Soit un total de 3 500 parts d'une valeur nominale de 10 € chacune. *Moncef et Bilal ont souscrit les parts sociales pour un prix de 30 €. La différence entre la valeur nominale de la part sociale et son prix de souscription s'explique par la prise en compte de l'augmentation de la valeur des capitaux propres depuis 3 ans*[1].

[1] *Dans les sociétés cotées, la valeur de souscription est estimée en fonction du cours boursier.*

Annexe 8 Estimation des dividendes

	Avant		Après	
	Parts	Dividendes	Parts	Dividendes
Samir	**1 200**		**1 200**	
Corine	**150**		**150**	
Nabil	**150**		**150**	
Moncef			**1 000**	
Bilal			**1 000**	
Total	**1 500**		**3 500**	

Annexe 9 Bilan de clôture FLEURS EN FÊTE au 31/12/N

ACTIF	Brut	Amort. et dépréciations	Net	PASSIF	Net
ACTIF IMMOBILISÉ				**CAPITAUX PROPRES**	
Immo incorporelles	50 000		50 000	Capital	15 000
Immo corporelles	14 000	6 000	8 000	Réserves	22 000
Immo financières	13 500	2 000	11 500	Résultat	8 000
TOTAL 1	**77 500**	**8 000**	**69 500**	**TOTAL 1**	**45 000**
ACTIF CIRCULANT				**DETTES**	
Stocks de MP	21 000	1 500	19 500	Emprunt	5 000
Créances clients	25 000		25 000	Dettes fournisseurs	12 000
Disponibilités	8 000		8 000	Autres dettes	60 000
TOTAL 2	**54 000**	**1 500**	**52 500**	**TOTAL 2**	**77 000**
TOTAL GÉNÉRAL	**131 500**	**9 500**	**122 000**	**TOTAL GÉNÉRAL**	**122 000**

CHAPITRE 11

L'optimisation de la trésorerie

CAPACITÉS » Caractériser la situation de trésorerie et choisir une solution pour équilibrer la trésorerie.

NOTIONS » Budget de trésorerie ; modalités d'optimisation dans les cas d'insuffisance ou d'excédent.

3.2 - Optimiser la trésorerie, une nécessité ?

Contexte TOASTY

» MISE EN SITUATION

La SASU TOASTY a été créée en 2009 par Madame Delalande, elle est spécialisée dans la fabrication de petit électroménager. Cette PME conçoit, développe et commercialise ses produits pour des marques de distributeur (AUCHAN, ELECTRO DÉPÔT, DARTY...). Toasty a su s'éloigner des classiques de l'électroménager pour offrir une gamme complète et originale, au design et aux couleurs modernes et sympathiques. Certains des modèles sont parfois considérés comme de véritables objets de décoration.

Le siège social basé à Lille lui offre un accès rapide aux marchés européens où TOASTY vend ses appareils sous sa marque propre. Également présente en Chine et au Japon, la firme jouit d'un chiffre d'affaires important à l'international bénéficiant d'un réseau de distribution en plein développement.

Avec des ventes en progression depuis 10 ans et des investissements à prévoir pour le début de l'année suivante, Madame Delalande, l'associée unique, s'interroge sur des difficultés de trésorerie éventuelles à court terme et souhaite approfondir l'analyse budgétaire de TOASTY afin de prendre les meilleures décisions.

Les caractéristiques principales de l'organisation	
Type	Entreprise privée
Secteur d'activité	Secondaire : fabrication et vente de petit électroménager
Taille	PME : 15 salariés Chiffre d'affaires de 1,1 million d'euros
Les autres caractéristiques de l'organisation	
Nationalité	Française
Ressources financières	Capital social de 18 000 €
Ressources matérielles	Machines et locaux implantés à Lille
Champ géographique	International (pays d'Asie et Europe)

Découvrir

1 LA NÉCESSITÉ DE PRENDRE EN COMPTE LA TRÉSORERIE

Document 1 **La gestion de trésorerie, principale cause de défaillance des jeunes entreprises (Extrait)**

Les causes du manque de trésorerie ?

Plusieurs situations peuvent vous amener à des difficultés financières et, dans le pire des cas, entraîner la mise en liquidation de votre entreprise. En voici quelques-unes :

- l'augmentation brusque des activités, ce qui occasionne des dépenses supplémentaires ;
- **l'augmentation des stocks, quand la production continue alors que les ventes diminuent ;**
- des clients qui ont des délais de règlement trop longs, ou des impayés ;
- des retards de règlement qui s'accumulent ;
- le ralentissement de votre activité ;
- un manque de gestion.

Aussi, la majorité de ces causes peuvent être anticipées car elles sont prévisibles (hormis les impayés). De ce fait, il devrait être possible d'éviter de se retrouver dans une mauvaise situation.

www.plenit-finances.fr

1 Expliquer la phrase en vert dans le **document 1**.

Document 2 **Facture de vente F42121**

TOASTY
34 rue des Bouchers
59800 Lille

Référence : F42121
Date : 24/04/N

ÉLECTRO DÉPÔT
Boulevard du Val
14200 Hérouville-Saint-Clair

Quantité	Désignation	Prix unitaire HT	Total
15	MIX15 Mixeur jaune-rose	64,55 €	968,25 €
20	GRIL27 Grille-pain violet cosy	38,99 €	779,80 €
		Total HT	1 748,05 €
		TVA 20 %	349,61 €
		Total TTC	**2 097,66 €**

Paiement à 30 jours

2 Déterminer l'impact de la facture F42121 sur la trésorerie du mois d'avril de TOASTY.

3 Analyser les conséquences d'un retard de paiement de 30 jours du client ÉLECTRO DÉPÔT.

2 LA FORMATION DU BUDGET DE TRÉSORERIE

2.1 La prévision des encaissements

Pour répondre aux inquiétudes de la dirigeante concernant la trésorerie de TOASTY, le trésorier M. Roussel travaille sur le budget prévisionnel du premier trimestre N+1.
Le service commercial lui a fourni une estimation des ventes en se basant sur les objectifs stratégiques de Mme Delalande, sur une estimation des quantités que TOASTY peut vendre ainsi que sur les capacités de production de l'entreprise. M. Roussel va pouvoir établir les prévisions des encaissements correspondants.

Document 3 **Budget des ventes**

	Janvier	Février	Mars
Ventes HT	98 000,00	116 000,00	111 000,00
TVA collectée (20 %)	19 600,00	23 200,00	
Ventes TTC	117 600,00	139 200,00	

4 **Retrouver et expliquer le calcul de la TVA collectée de janvier. Compléter le budget des ventes (document 3).**

Document 4 **Information complémentaire (d'après le bilan au 31/12/N)**

Des créances clients d'un montant de 17 500 € seront encaissées en janvier N+1.

Document 5 **Budget des encaissements**

	Janvier	Février	Mars
Créances clients au 31/12/N			
Ventes de janvier	**94 080,00**	**23 520,00**	
Ventes de février			
Ventes de mars			
Total			

5 **En analysant les ventes de janvier, retrouver et présenter les conditions habituelles de paiement des clients de TOASTY.**

6 **Expliquer à quoi correspondent les 17 500 € de créances clients qui figuraient au bilan N.**

7 **Compléter le budget des encaissements (document 5).**

2.2 La prévision des décaissements

Pour aboutir au budget de trésorerie du premier trimestre N+1, M. Roussel, après avoir établi le budget des encaissements, doit travailler sur les dépenses qu'a prévu de régler TOASTY sur la période.
TOASTY règle ses fournisseurs ordinaires au comptant pour moitié, l'autre partie est décaissée le mois suivant l'achat.
Mme Delalande prévoit en janvier un investissement de 60 000 € TTC pour permettre d'étendre son activité aux cafetières. Il sera réglé au fournisseur d'immobilisation pour 50 % en janvier, le solde à 30 jours.
La TVA calculée au titre d'un mois est payable dans le mois suivant.

Document 6 Budget des achats

	Janvier	Février	Mars
Achat HT	46 000,00	42 000,00	48 000,00
TVA déductible (20 %)	9 200,00	8 400,00	9 600,00
Achat TTC	55 200,00	50 400,00	57 600,00

Document 7 Budget des investissements

	Janvier	Février	Mars
Acquisition HT			
TVA déd. sur immo. (20 %)			
Acquisition TTC			

Document 8 Budget de TVA

	Janvier	Février	Mars
TVA collectée			
TVA déductible sur achats			
TVA déductible sur immo.			
Crédit de TVA à reporter	0,00	0,00	0,00
TVA à reverser/crédit de TVA			

8 **Expliquer en quoi le budget des achats est déterminé par un autre budget.**

9 **Établir le budget des investissements (document 7).**

10 **Reporter dans le budget de TVA (document 8) les TVA collectée et déductible calculées dans les budgets précédant.**

11 **Déterminer pourquoi la ligne « Crédit de TVA à reporter » ne contient que des montants nuls.**

12 **Identifier pourquoi la TVA à reverser doit faire partie des décaissements.**

13 **Compléter le budget des décaissements (document 9).**

Document 9 **Budget des décaissements**

	Janvier	Février	Mars
Dettes fournisseurs 31/12/N	13 600,00		
Achats de janvier			
Achats de février			
Achats de mars			
Salaires	39 750,00	39 750,00	39 750,00
Cotisations sociales	9 935,00	9 935,00	9 935,00
TVA à reverser	4 200,00		
Paiement des dettes sur immobilisations			
Mensualités d'emprunts[1]	900,00	900,00	900,00
Total			

[1] *Concerne des emprunts en cours*

2.3 Le budget de trésorerie

M. Roussel finalise son budget de trésorerie à partir des budgets des encaissements et des décaissements. Il devra le présenter à Mme Delalande pour qu'elle puisse disposer des informations nécessaires au pilotage de son entreprise et à l'optimisation de la trésorerie de TOASTY en cette période de croissance rapide de l'activité.

Document 10 Bilan fonctionnel de TOASTY au 31/12/N

ACTIF	N	PASSIF	N
EMPLOIS STABLES		**RESSOURCES STABLES**	
Immobilisations incorporelles	7 500	Capitaux propres	66 200
Immobilisations corporelles	56 700	Amort. dépréciat. et provisions	5 200
Immobilisations financières	1 200	Dettes financières stables	4 200
TOTAL 1	**65 400**	**TOTAL 1**	**75 600**
ACTIF CIRCULANT		**PASSIF CIRCULANT**	
Stock	6 300	Dettes fournisseurs	13 600
Créances clients	17 500	Autres dettes	1 300
VMP	500		
TOTAL 2	**24 300**	**TOTAL 2**	**14 900**
TRÉSORERIE ACTIVE[2]	**900**	**TRÉSORERIE PASSIVE**[3]	**100**
TOTAL GÉNÉRAL	**90 600**	**TOTAL GÉNÉRAL**	**90 600**

[2] *Disponibilités* / [3] *Découverts en banque ou concours bancaires courants*

Document 11 Budget de trésorerie

	Janvier	Février	Mars
Trésorerie initiale			
Encaissements			
Décaissements			
Trésorerie finale			

La **trésorerie nette** est égale à la différence entre la trésorerie active et la trésorerie passive.

14 **Retrouver le montant de trésorerie disponible au 31 décembre N à partir du bilan fonctionnel (document 10).**

15 **Reporter la trésorerie disponible au 31 décembre N dans le budget de trésorerie (document 11).**

16 **Compléter le budget de trésorerie et déterminer la trésorerie finale de chaque mois.**

17 **Commenter l'évolution de la trésorerie de TOASTY sur le premier trimestre N+1.**

3 L'ÉQUILIBRAGE DE LA TRÉSORERIE ET LES MODALITÉS DE SON OPTIMISATION

Une réunion est organisée à propos des prévisions de trésorerie pour le premier trimestre N+1. M. Roussel présente des conclusions alarmantes à sa dirigeante. Mme Delalande l'interroge quant aux possibilités les plus appropriées pour équilibrer son budget.

Document 12 Extrait de la réunion

Mme Delalande : Nos difficultés de trésorerie à court terme étaient prévisibles. Mais nous n'avons d'autres choix que de réaliser tous les investissements nécessaires à notre croissance.

M. Roussel : Nous partons heureusement d'une situation très saine. Nous avons rarement eu l'occasion d'utiliser notre autorisation de découvert.

Mme Delalande : Pour un tel déficit de trésorerie, les frais seraient élevés de toute façon avec un taux à 14 % l'an. La charge serait lourde et alourdirait notre compte de résultat.

M. Roussel : Nous pourrions céder nos valeurs de placements, mais nous serions loin d'atteindre l'équilibre.

Mme Delalande : TOASTY pourrait puiser dans le compte courant d'associé. Le taux sera plus faible que celui d'un découvert et les intérêts versés seront déductibles de l'impôt de l'entreprise.

M. Roussel : La seule autre solution crédible à ce stade serait de diminuer notre BFR. Il sera difficile de diminuer les délais d'encaissement des créances de nos clients, la majorité sont des grandes surfaces habituées à des délais importants.

Mme Delalande : Les stocks ne pourront pas diminuer au risque de ne pouvoir satisfaire la demande…

M. Roussel : Il reste donc l'augmentation des délais de règlement de nos fournisseurs pour améliorer notre besoin en fonds de roulement. Difficile de tirer sur cette corde sans promettre de plus gros volumes de commandes.

18 Identifier dans le document 12 les différentes solutions permettant d'équilibrer la trésorerie d'une entreprise à court terme.

19 En vous appuyant sur le bilan fonctionnel (document 10), expliquer la phrase de M. Roussel soulignée dans le document 12.

20 Déterminer pourquoi M. Roussel n'envisage pas d'effectuer un emprunt pour équilibrer les deux mois d'insuffisance de trésorerie.

Document 13 Courriel de Mme Delalande à M. Roussel (extrait)

« Je vous propose de travailler sur une avance en compte courant d'associé de 15 000 €. Je peux prêter temporairement à un taux de 1,5 % la somme nécessaire pour éviter à TOASTY le coût important des autres solutions envisagées. Je vous rappelle toutefois que si ce système évite les formalités d'une modification du capital social, l'avance en compte courant m'est remboursable à tout moment. »

21 Identifier l'intérêt pour TOASTY et pour Mme Delalande d'utiliser les comptes courants d'associés pour pallier cette insuffisance de trésorerie (documents 12 et 13).

Compte tenu de la proposition faite par sa dirigeante, M. Roussel décide de simuler un budget de trésorerie prenant en compte le recours aux 15 000 € de fonds nouveaux apportés par les comptes courants d'associés à la trésorerie de janvier.

Document 14 **Budget de trésorerie**

	Janvier	Février	Mars
Trésorerie initiale			
Encaissements	111 580,00	134 880,00	134 400,00
Décaissements	125 985,00	133 785,00	119 385,00
Trésorerie finale			

22 **Indiquer le nouveau montant de la trésorerie initiale de janvier.**

23 **Présenter le budget de trésorerie (document 14).**

24 **Identifier si ces fonds sont suffisants pour financer le déficit de trésorerie qui avait été prévu.**

Document 15 **Excédent de trésorerie**

L'excédent de trésorerie est le solde positif entre les encaissements et les décaissements. Les excédents peuvent être placés à court terme sur des comptes d'épargne ou par acquisition de VMP (actions ou obligations) pour produire des intérêts.

25 **Expliquer pourquoi et comment TOASTY peut placer ses excédents de trésorerie.**

26 **En vous basant sur vos connaissances de première, expliquer pourquoi la réalisation d'un budget de trésorerie peut être qualifiée d'approche prospective.**

À retenir

L'OPTIMISATION DE LA TRÉSORERIE

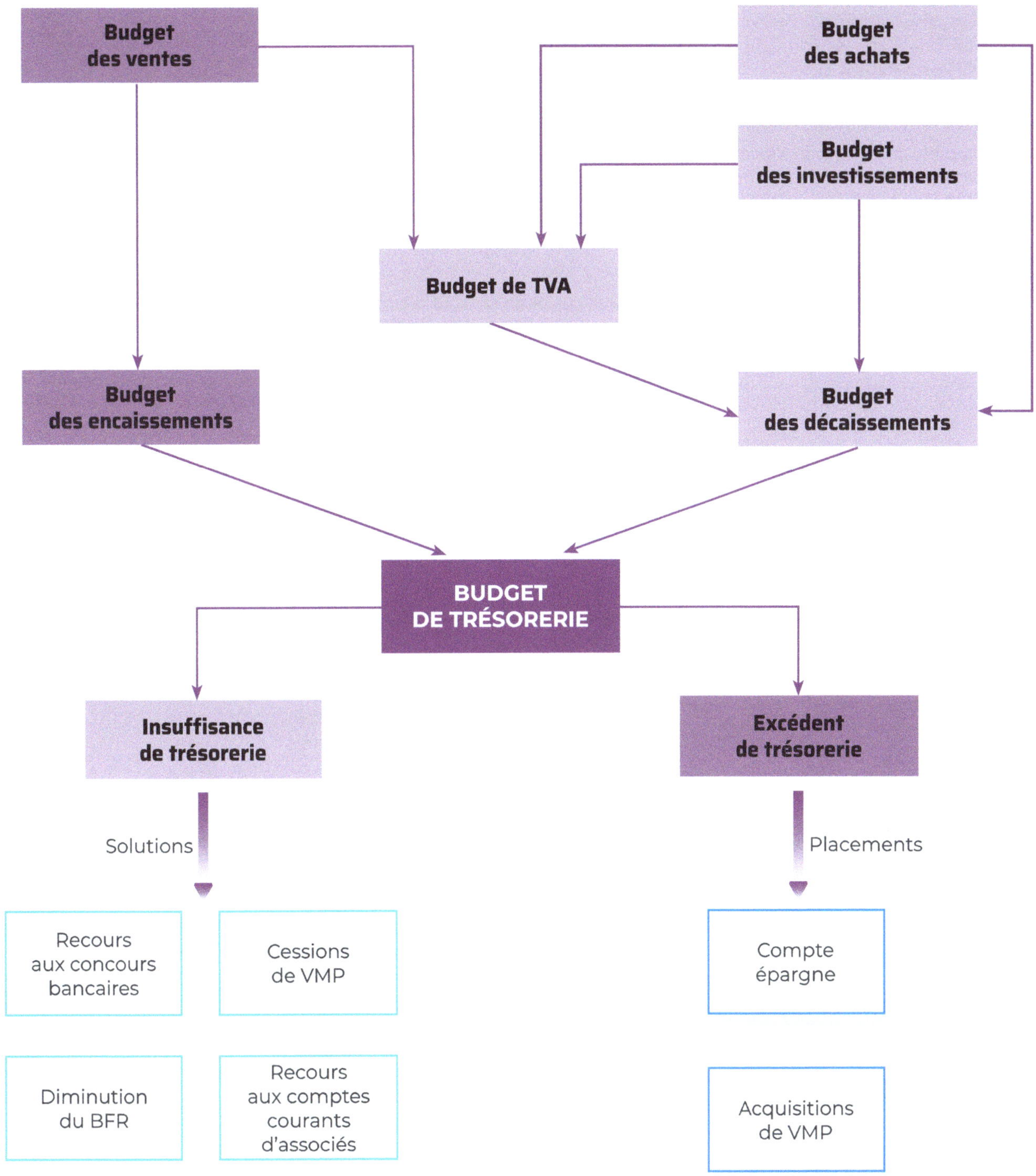

» LIEN AVEC LE MANAGEMENT, SCIENCES DE GESTION ET NUMÉRIQUE

Ressources financières : financement de l'exploitation.

Se tester en ligne
https://eqrcode.co/a/9Jke2o

Appliquer

Activité 1 Anticiper une insuffisance de trésorerie

SAVOIE_YAHOURT.xlsx

SAVOIE YAHOURT fabrique dans son usine d'Aix-les-Bains une gamme de yaourts sains et gourmands aux recettes naturelles (sans colorant, sans conservateur, sans additif). L'entreprise forte de ses 38 salariés commercialise ses produits chez de nombreux partenaires comme CORA, LECLERC, INTERMARCHÉ et SUPER U.

SAVOIE YAHOURT projette de lancer une nouvelle marque bio et réfléchit à l'impact de cette nouvelle activité sur sa trésorerie.

Ce grand projet commercial nécessite de lourds investissements dès le mois de février, ainsi que le recrutement de plusieurs salariés. Le directeur commercial prévoit une augmentation progressive de l'activité, mais le responsable financier craint des difficultés de trésorerie pour les 6 premiers mois de l'année N.

1 À partir du bilan simplifié présenté en annexe 1, retrouver le montant de la trésorerie disponible au 31 décembre N.

2 Compléter le budget de trésorerie du premier semestre N+1 afin de déterminer la trésorerie finale de chaque mois (annexe 2). Commenter l'évolution de la trésorerie.

3 Proposer des solutions permettant à SAVOIE YAHOURT d'anticiper d'éventuels problèmes de trésorerie liés à son projet.

Annexe 1 Bilan simplifié au 31 décembre N

ACTIF	Brut	Amort. & Dép.	Net	PASSIF	Net
ACTIF IMMOBILISÉ				**CAPITAUX PROPRES**	
Terrain	6 670		6 670	Capitaux	184 525
Construction	1 291 669	155 948	1 135 721	Réserves	3 264 052
Installations techniques	5 671 644	2 324 430	3 347 214	Résultat de l'exercice	1 180 616
TOTAL 1	**6 969 983**	**4 480 378**	**4 489 605**	**TOTAL 1**	**4 629 193**
ACTIF CIRCULANT				**DETTES**	
Stocks de MP	662 927		662 927	Emprunts	528 728
Stocks de produits finis	175 773		175 773	Dettes fournisseurs	1 623 447
Créances clients	1 617 714		1 617 714	Dettes fiscales et sociales	388 183
Disponibilités	509 532		509 532	Autres dettes	286 000
TOTAL 2	**2 965 946**	**0**	**2 965 946**	**TOTAL 2**	**2 826 458**
TOTAL GÉNÉRAL	**9 935 929**	**2 480 378**	**7 455 551**	**TOTAL GÉNÉRAL**	**7 455 551**

Annexe 2 Budget de trésorerie du premier semestre N+1

Éléments	Janvier	Février	Mars	Avril	Mai	Juin
Trésorerie initiale						
Encaissements	1 160 630	1 060 000	1 110 000	1 110 220	1 290 000	1 310 000
Décaissements	1 136 600	1 625 000	1 165 000	1 200 500	1 205 000	1 208 000
Trésorerie finale						

Activité 2 Étudier la trésorerie pour l'optimiser

CRC.xlsx

Partie 1 - Établir un budget de trésorerie

La société **CRC** est une SAS spécialisée dans la conception et la commercialisation de jeans écologiques et éthiques.

CRC réalise des bénéfices depuis sa création en 2015, mais M. Canivet son dirigeant, s'interroge sur l'état de sa trésorerie déficitaire depuis trois mois. Il souhaite établir son budget de trésorerie afin de pouvoir prendre les décisions adéquates. L'entreprise est soumise au taux normal de TVA (20 %).

1 Établir le budget de trésorerie de CRC (annexe 3).

2 Commenter la situation de la trésorerie.

Annexe 1 Informations complémentaires (prévisions)

- Le chiffre d'affaires HT du premier trimestre N+1 est de 423 000 €. 30 % des ventes sont réalisées en janvier, 30 % en février et 40 % en mars.
- Le règlement des clients s'effectue pour moitié au comptant, le reste à 30 jours. Les créances clients du bilan concernent janvier.
- Le règlement des achats aux fournisseurs est effectif pour 25 % au comptant, le solde à 30 jours. Les dettes fournisseurs au bilan concernent janvier.
- Le montant mensuel des salaires et cotisations sociales s'élève à 56 500 €.
- Les achats HT représentent 60 % des ventes HT.
- La TVA est réglée le 15 du mois suivant. Les dettes fiscales au bilan correspondent à 3 500 € de TVA à payer en janvier. Le reste concerne des impôts à régler en avril.

Annexe 2 Bilan de clôture au 31/12/N

ACTIF	Brut	Amort. & Dép.	Net	PASSIF	Net
ACTIF IMMOBILISÉ				**CAPITAUX PROPRES**	
Immo incorporelles	5 000		5 000	Capital	99 000
Immo corporelles	142 000	13 500	128 500	Réserves	44 000
Immo financières	13 500	1 000	12 500	Résultat de l'exercice	14 000
Total 1	**160 500**	**14 500**	**146 000**	**Total 1**	**157 000**
ACTIF CIRCULANT				**DETTES**	
Stocks de matières premières	21 000	1 500	19 500	Emprunt	58 000
Stocks de produits finis	55 000		55 000	Dettes fournisseurs	24 000
Créances clients	26 000		26 000	Dettes fiscales	9 000
VMP	2 000		2 000	Autres dettes	1 200
Disponibilités	700		700		
Total 2	**104 700**	**1 500**	**103 200**	**Total 2**	**92 200**
Total général	**265 200**	**16 000**	**249 200**	**Total général**	**249 200**

Appliquer

Annexe 3 Budget prévisionnel

Budget des ventes	Janvier	Février	Mars
Ventes HT			
TVA collectée			
Ventes TTC			

Budget de la TVA	Janvier	Février	Mars
TVA collectée			
TVA déductible			
TVA à décaisser			

Budget des achats	Janvier	Février	Mars
Achats HT			
TVA déductible			
Achat TTC			

Budget des encaissements	Janvier	Février	Mars
Créances clients			
Ventes de janvier			
Ventes de février			
Ventes de mars			
Total			

Budget des décaissements	Janvier	Février	Mars
Dettes fournisseurs			
TVA à décaisser			
Paiement des salaires			
Achats de janvier			
Achats de février			
Achats de mars			
Total			

Budget de trésorerie	Janvier	Février	Mars
Trésorerie initiale			
Encaissements			
Décaissements			
Trésorerie finale			

Partie 2 - Simuler des hypothèses sur tableur

M. Canivet cherche à rétablir l'équilibre de sa trésorerie. Il évoque plusieurs hypothèses qu'il faudra simuler sur tableur.

Remarque : pour chaque simulation, il faudra faire une copie du budget initial complété. Penser à renommer vos nouveaux onglets.

3 **Après avoir pris connaissance des hypothèses proposées par M. Canivet (annexe 4), réaliser les simulations nécessaires sur tableur.**

4 **Choisir l'hypothèse la plus adaptée à la trésorerie de l'entreprise CRC. Commenter.**

Annexe 4 Solutions pour améliorer la trésorerie

Hypothèse 1 : CRC cède la totalité de son portefeuille de VMP dès janvier.

Hypothèse 2 : Deux associés de la SAS apportent des fonds par l'intermédiaire des comptes courants d'associés pour des sommes de 3 000 € en janvier et 2 500 € en février.

Hypothèse 3 : La négociation des délais de règlements permet d'aboutir à des paiements aux fournisseurs à 30 jours pour la totalité des achats[4].

[4] *À partir des achats effectués en janvier.*

CHAPITRE 12

L'affectation du résultat

CAPACITÉS » Présenter les possibilités d'affectation du résultat et en comprendre les enjeux notamment en cas d'appel public à l'épargne.

NOTIONS » Affectation du résultat : réserves obligatoires et facultatives, distribution de bénéfices, report à nouveau.

3.3 - L'affectation du résultat, un choix qui engage l'avenir ?

Contexte Provence Buro

» MISE EN SITUATION

Provence Buro
FABRICANT FRANÇAIS

La SAS PROVENCE BURO est une entreprise toulonnaise fabriquant du mobilier de bureau haut de gamme à destination des professionnels et distribué à travers un réseau européen de revendeurs qualifiés.

Elle emploie une soixantaine de personnes qui s'investissent au quotidien pour donner vie aux différents types de mobiliers conçus dans l'entreprise, qu'il s'agisse de banques accueil, bureaux, rangements, tables de réunion ou sièges.

Créée en 1980, PROVENCE BURO accorde une attention particulière à la qualité, à l'environnement et à la sécurité pour répondre aux exigences professionnelles des utilisateurs tout en respectant l'Homme et la Nature. PROVENCE BURO retraite à 89 % ses déchets et valorise ses diverses chutes de bois, améliorant ainsi son bilan carbone.

Les dirigeants de PROVENCE BURO disposent de 6 mois après la clôture de l'exercice N-1 pour préparer la prochaine assemblée générale ordinaire (AGO) des actionnaires. Cette assemblée prévue pour le 18 mai N soumettra au vote des associés la répartition du bénéfice réalisé en N-1.

Les caractéristiques principales de l'organisation	
Type	Entreprise privée
Secteur d'activité	Fabriquant de mobilier de bureau à usage professionnel
Statut	SAS
Les autres caractéristiques de l'organisation	
Nationalité	Française
Ressources humaines	54 salariés et des intérimaires dont le nombre évolue selon les périodes d'activité
Ressources financières	Capital social de 600 000 €
Ressources matérielles	40 000 m² de superficie d'usine Deux showrooms[1] (Toulon et Marseille)
Ressources immatérielles	Certification NF Environnement ameublement Site Internet non marchand
Champ géographique	Européen

[1] *Lieux d'exposition des solutions d'aménagement.*

Découvrir

1 LES OBLIGATIONS DE L'ENTREPRISE

En vue de la tenue de l'assemblée générale ordinaire annuelle, les dirigeants de l'entreprise toulonnaise ont élaboré un projet d'affectation du bénéfice. Ils envisagent d'investir prochainement pour améliorer la productivité de l'appareil productif. Leur objectif est donc de pouvoir consolider les fonds propres sans décourager les actionnaires qui ont, ces deux dernières années, manifesté du mécontentement, face à une rentabilité financière dégradée.

Document 1 **Article L232-10 Code de commerce**

« À peine de nullité de toute délibération contraire, dans les sociétés à responsabilité limitée et les sociétés par actions, il est fait sur le bénéfice de l'exercice, diminué, le cas échéant, des pertes antérieures, un prélèvement d'un vingtième (5 %) au moins affecté à la formation d'un fonds de réserve dit "réserve légale".
Ce prélèvement cesse d'être obligatoire, lorsque la réserve atteint le dixième (10 %) du capital social. »

1 Identifier les affectations possibles du bénéfice réalisé par PROVENCE BURO.

2 Déterminer l'objectif de l'article du Code de commerce (document 1) en précisant l'utilité de constituer des réserves pour PROVENCE BURO.

Document 2 **Extrait du bilan N avant répartition**

CAPITAUX PROPRES	Montant
Capital (2 000 actions de 300 €)	600 000,00
Réserve légale	22 600,00
Réserves statutaires	40 000,00
Autres réserves	27 980,00
Report à nouveau N-1 (créditeur)	836,00
Résultat de l'exercice	67 704,00

3 Repérer le montant à partir duquel abonder la réserve légale n'est plus obligatoire.

Document 3 **Extrait du compte-rendu de l'AGO du 18 mai N**

L'assemblée générale de PROVENCE BURO statuant sur les comptes de N-1 a décidé que l'affectation des bénéfices concernés s'effectuera de la manière suivante :
- une dotation à la réserve légale dans les limites prévues par la loi, dans la limite de 10 % du capital social ;
- une dotation à la réserve statutaire[2] pour 16 000 euros ;
- pas de dotation à la réserve facultative ;
- une attribution de dividendes aux actionnaires : le dividende unitaire sera arrondi à l'euro inférieur, le reste sera reporté à nouveau. […]

[2] *Réserves rendues obligatoires par une clause figurant dans les statuts de PROVENCE BURO.*

4 Calculer le montant du bénéfice de N-1 à affecter à la réserve légale.

Le **report à nouveau** créditeur (positif) correspond à la fraction du bénéfice de l'exercice qui n'est ni distribuée aux actionnaires ni affectée en réserves. Si l'entreprise réalise des pertes, le montant du report à nouveau sera négatif, on parle alors de report à nouveau débiteur.

Document 4 Tableau d'affectation du bénéfice N-1

Éléments	Montants
Bénéfice net d'impôt	
Dotation à la réserve légale	
Dotation à la réserve statutaire	
Report à nouveau N-1	
Bénéfice distribuable	
Dotation à la réserve facultative	
Dividendes	48 000,00
Report à nouveau de N	1 154,80

5 **Retrouver et remplir les montants du tableau d'affectation du bénéfice N-1 (document 4).**

6 **Identifier le calcul permettant de fixer le montant des dividendes et du report à nouveau de N.**

7 **Mme Barti détient 58 actions de l'entreprise PROVENCE BURO. Préciser le montant des dividendes qu'elle devrait percevoir.**

DIVIDENDE ET RENDEMENT

Le **dividende** constitue une partie de la rentabilité obtenue par la détention d'action. L'autre partie est constituée par la plus-value (ou la moins-value) obtenue au moment de la vente de l'action.

Une entreprise peut donc distribuer des dividendes relativement faibles et offrir tout de même une bonne rentabilité, si le cours de l'action (donc la plus-value potentielle) est élevé.

8 **Expliquer pourquoi PROVENCE BURO doit tenir compte de la volonté des actionnaires d'obtenir des dividendes élevés.**

2 LES IMPACTS SUR LE BILAN

M. Leroy, le comptable de PROVENCE BURO a effectué l'écriture comptable traitant l'affectation du bénéfice de N-1 dans les comptes de l'entreprise. Il est soucieux de l'impact du versement des dividendes aux actionnaires sur la trésorerie. Les disponibilités à l'actif du bilan font apparaître un montant de 69 000 € mais, l'entreprise souhaite autofinancer du matériel pour 24 000 €.

Document 5 **Enregistrement de l'affectation du bénéfice**

		18 mai N		
12		Résultat de l'exercice	67 704,00	
110		Report à nouveau N-1	836,00	
	1061	Réserve légale		3 385,20
	1063	Réserve statutaire		16 000,00
	110	Report à nouveau N		1 154,80
	457	Associés dividendes à payer		48 000,00
		Répartition du résultat N-1 (selon décision de l'AGO)		

9 **À partir de l'extrait du bilan N avant répartition (document 2) et de l'enregistrement comptable (document 5), présenter l'extrait du bilan N après répartition des bénéfices (document 6).**

Document 6 **Extrait du bilan N après répartition**

CAPITAUX PROPRES	Montant	Explications ou calculs
Capital (2 000 actions de 300 €)		
Réserve légale		
Réserves statutaires		
Autres réserves		
Report à nouveau		
Résultat de l'exercice		
DETTES	**Montant**	**Explications ou calculs**
Autres dettes (dividendes)		

10 **Identifier qui a été privilégié lors de l'affectation du bénéfice N-1 et si cette répartition est cohérente avec les objectifs des dirigeants de PROVENCE BURO.**

11 **Indiquer les conséquences de l'affectation du bénéfice N-1 sur la trésorerie de l'entreprise de l'exercice N. Conclure sur le souhait de PROVENCE BURO d'autofinancer le matériel prévu.**

3 LES IMPACTS DE LA PRISE DE DÉCISION

Les dirigeants de PROVENCE BURO, conscients qu'ils devront augmenter les réserves dans les années futures, souhaitent préparer leurs arguments pour l'AGO de N+1 qui affectera les bénéfices potentiels réalisés durant l'exercice N. L'objectif est de convaincre les actionnaires de l'intérêt de dividendes réduits pour assurer la croissance de l'entreprise.

Document 7 Faut-il privilégier les entreprises qui versent des dividendes ?

https://eqrcode.co/a/SOmKnq — Petit plus vidéo

[...] Une entreprise versant des dividendes témoigne ainsi de sa bonne santé économique et financière. En effet, les dividendes correspondent à une partie des bénéfices réalisés par la société, que l'assemblée générale décide de reverser aux actionnaires. Une entreprise ne verse donc des dividendes que si elle dégage des bénéfices et, souvent, des bénéfices confortables dont la réaffectation d'une partie aux actionnaires permettra tout de même à la société de poursuivre sa croissance. À l'inverse, une entreprise en perte de vitesse affichant de mauvais résultats ne versera pas de dividendes. Il s'agit donc d'un indicateur relativement fiable de la vitalité d'une entreprise.

[...] Une entreprise qui verse fréquemment des dividendes aura tout intérêt à poursuivre cette politique dans la durée sous peine de voir ses actionnaires spéculer sur les raisons qui l'ont poussé à ne pas verser de dividendes et notamment à craindre un ralentissement de l'activité. [...] On comprend bien l'intérêt pour un investisseur d'investir dans des sociétés versant des dividendes à ses actionnaires. Cependant, on aurait tort d'écarter d'emblée les sociétés ne versant pas de dividendes.

Un signe du développement de l'activité

L'absence de dividendes peut en effet être le signe non pas de mauvais résultats mais de la volonté de l'entreprise de financer sa croissance interne, signe du développement de l'activité. Les sociétés en phase d'expansion peuvent tout à fait consacrer la totalité de leurs bénéfices à divers postes de dépense qui permettront à la société de se développer. Recherche et développement, internationalisation, lancement de nouvelles offres de produits et services sont autant d'éléments qui peuvent amener la société à consacrer l'ensemble de ses bénéfices à ses projets de croissance interne. [...] En investissant dans une entreprise, un actionnaire peut en effet gagner de l'argent en touchant des dividendes mais aussi en effectuant une plus-value à la revente de son titre, c'est-à-dire en le vendant plus cher qu'il ne l'a initialement acquis. [...] Berkshire Hathaway, la célèbre société de Warren Buffett qui affiche des bénéfices records depuis de nombreuses années est connue pour ne pas verser de dividendes à ses actionnaires. L'oracle d'Omaha préfère réinvestir systématiquement tous les bénéfices (ou si les marchés ne sont pas favorables à garder des liquidités dans l'attente d'une situation plus propice à l'investissement). Et cela paie ! En effet, les premiers investisseurs qui ont misé sur Berkshire Hathaway dès sa création ont vu leur capital initial multiplié par 16 000 ! Berkshire Hathaway en septembre 2018 se hissait au rang de cinquième capitalisation boursière du monde avec 541 milliards de $.

Louis Yang (Café de la Bourse) 14/06/2019
www.boursorama.com

12 **Dégager dans le document 7 et l'ensemble du chapitre des arguments visant à convaincre les actionnaires de PROVENCE BURO.**

À retenir

L'AFFECTATION DU RÉSULTAT

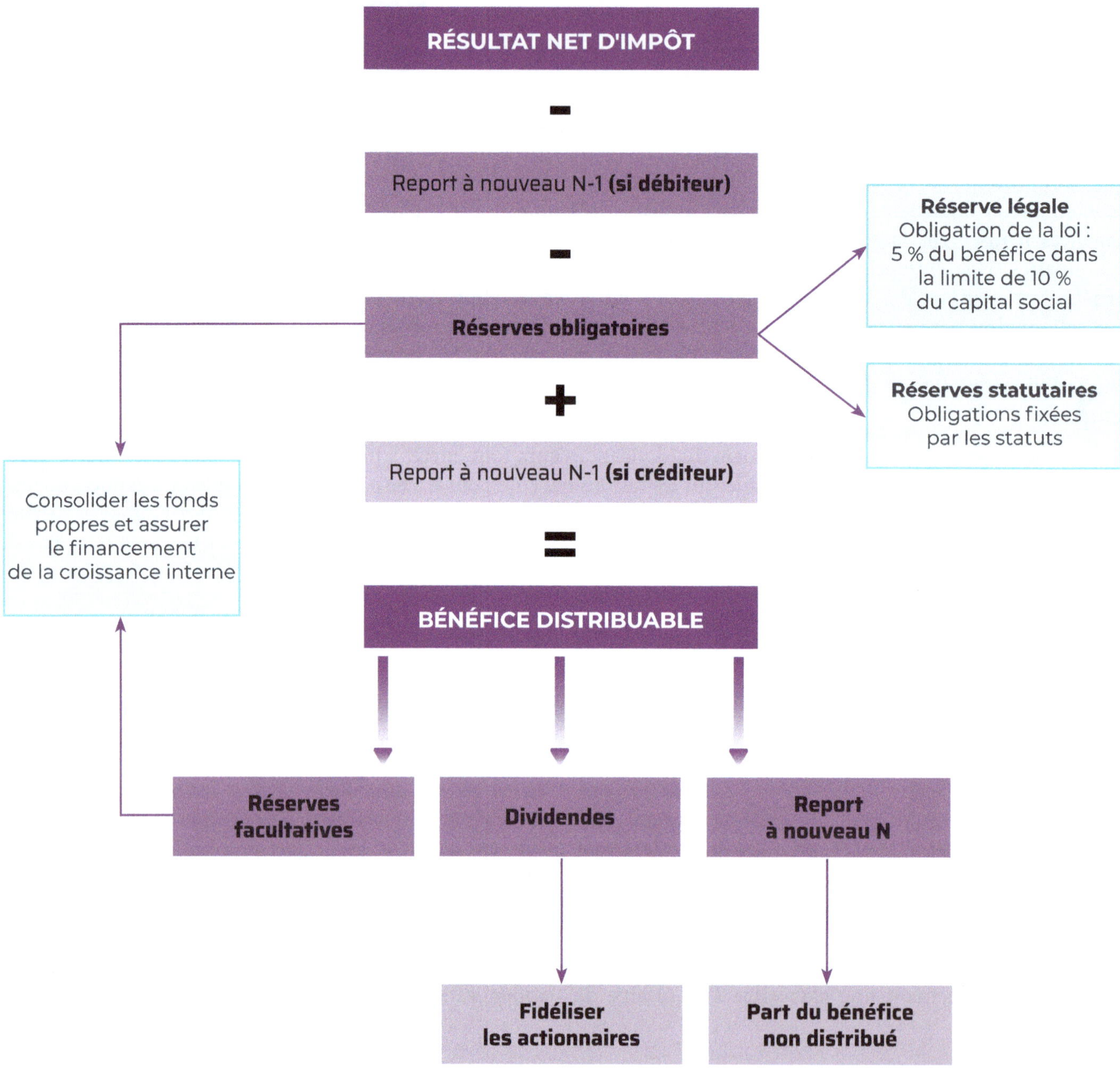

» LIEN AVEC LE MANAGEMENT, SCIENCES DE GESTION ET NUMÉRIQUE
Ressources financières : financement de l'exploitation.

Se tester en ligne
https://eqrcode.co/a/JOOCDL

Appliquer

Activité 1 Affecter des bénéfices

DECITRE.xlsx

L'entreprise **DECITRE**, située en Rhône-Alpes, est spécialisée dans le domaine de la librairie et de la papeterie. Elle est constituée sous la forme d'une société par action simplifiée unipersonnelle (associé unique) au capital de 1 434 200 € divisé en 14 342 actions de 100 €.

Depuis deux ans, le marché de la librairie est très volatile et l'entreprise a souhaité privilégier ses réserves. Ainsi, dans la période, les actionnaires n'ont pas obtenu de dividendes et cette année **DECITRE** souhaite pouvoir les satisfaire.

1 **DECITRE présente un report à nouveau N-1 créditeur au bilan (annexe 2). Déterminer si le résultat N-1 était déficitaire ou bénéficiaire. Justifier.**

2 **Compléter l'annexe 3 pour déterminer le bénéfice distribuable, le montant des dividendes et le report à nouveau de N.**

3 **Présenter l'extrait de bilan au 31 décembre N après affectation (annexe 4).**

Annexe 1 Extrait du compte-rendu de l'AGO du 31 décembre N

[…] L'affectation des bénéfices de l'exercice N s'effectuera de la manière suivante :
- une dotation à la réserve légale dans les limites prévues par la loi : 5 % du résultat de l'exercice dans la limite de 10 % du capital social ;
- une dotation à la réserve statutaire (prévue par les statuts de la société), pour 4 000 euros ;
- aucune dotation à la réserve facultative n'est prévue ;
- une attribution de dividendes aux actionnaires : le dividende unitaire sera arrondi à l'euro inférieur, le reste sera reporté à nouveau. […]

Annexe 2 Extrait du bilan au 31 décembre N avant répartition

PASSIF	Montants
Capital social	1 434 200
Réserve légale	143 420
Autres réserves	562 964
Report à nouveau N-1 (créditeur)	1 000
Résultat de l'exercice	43 852

Annexe 3 Tableau d'affectation du résultat

Éléments	Montants
Bénéfice net	43 852,00
Dotation à la réserve légale	0,00
Dotation à la réserve statutaire	4 000,00
Report à nouveau créditeur	1 000,00
Bénéfice distribuable	
Dotation à la réserve facultative	0,00
Dividendes	
Report à nouveau	

Annexe 4 Extrait du bilan au 31 décembre N après répartition

PASSIF	Montants
Capital social	
Réserve légale	
Autres réserves	
Report à nouveau	

Activité 2 Faire des choix lors de l'affectation du résultat

PICKY.xlsx

Partie 1 - Affecter les bénéfices de N

La **SARL PICKY** clôt son exercice comptable le 31 décembre. Le capital social est de 120 000 €, réparti en actions de valeur nominale 100 €. Les statuts ne prévoient pas de réserve en dehors des obligations légales. L'assemblée générale des actionnaires a décidé d'affecter 40 000 € au titre de la réserve facultative. Le dividende unitaire sera arrondi à l'euro inférieur, le reste sera reporté à nouveau.

1 **Compléter le tableau d'affectation du résultat (annexe 2).**

2 **Remplir le bilan de l'entreprise PICKY au 31/12/N après répartition (annexe 3).**

3 **Indiquer, en justifiant, si la trésorerie de l'entreprise PICKY sera suffisante pour verser les dividendes aux actionnaires.**

Annexe 1 Bilan de l'entreprise PICKY au 31/12/N (avant répartition)

ACTIF	Brut	Amort. & Dép.	Net	PASSIF	Net
ACTIF IMMOBILISÉ				**CAPITAUX PROPRES**	
Immo incorporelles	10 000	2 000	8 000	Capital (1 200 actions)	120 000
Immo corporelles	230 432	97 556	132 876	Réserve légale	12 000
Immo financières	38 000	0	38 000	Autres réserves	49 000
				Résultat de l'exercice	146 667
				Report à nouveau	1 000
Total 1	**278 432**	**99 556**	**178 876**	**Total 1**	**328 667**
ACTIF CIRCULANT				**DETTES**	
Stocks	52 765	10 000	42 765	Emprunts bancaires	190 000
Créances	523 123	0	523 123	Dettes fournisseurs	280 213
Disponibilités	164 116	0	164 116	Dettes autres	110 000
Total 2	**740 004**	**10 000**	**730 004**	**Total 2**	**580 213**
Total général	**1 018 436**	**109 556**	**908 880**	**Total général**	**908 880**

Annexe 2 Tableau d'affectation du résultat

Éléments	Montants
Bénéfice net d'impôt	
Dotation à la réserve légale	
Dotation à la réserve statutaire	
Report à nouveau N-1	
Bénéfice distribuable	
Dotation à la réserve facultative	
Dividendes	
Report à nouveau de N	

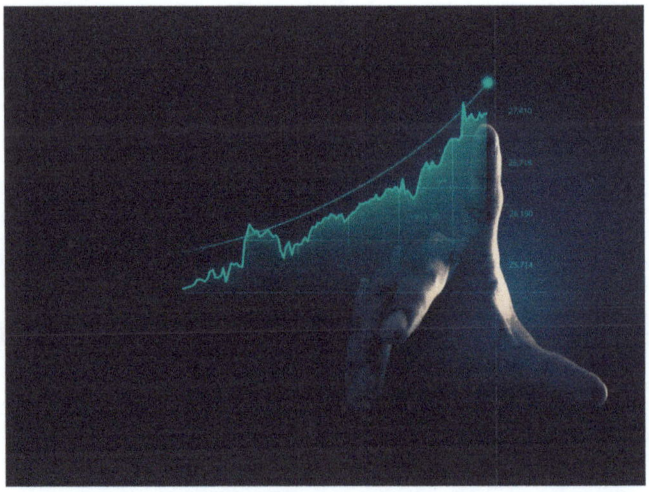

Annexe 3 Bilan de l'entreprise PICKY au 31/12/N (après répartition)

ACTIF	Brut	Amort. & Dép.	Net	PASSIF	Net
ACTIF IMMOBILISÉ				**CAPITAUX PROPRES**	
Immo incorporelles	10 000	2 000	8 000	Capital (1 200 actions)	
Immo corporelles	230 432	97 556	132 876	Réserve légale	
Immo financières	38 000	0	38 000	Autres réserves	
				Report à nouveau	
Total 1	**278 432**	**99 556**	**178 876**	**Total 1**	
ACTIF CIRCULANT				**DETTES**	
Stocks	52 765	10 000	42 765	Emprunts bancaires	
Créances	523 123	0	523 123	Dettes fournisseurs	
Disponibilités	164 116	0	164 116	Dettes autres	
Total 2	**740 004**	**10 000**	**730 004**	**Total 2**	
Total général	**1 018 436**	**109 556**	**908 880**	**Total général**	

Partie 2 - Faire un choix d'affectation du résultat

Les dirigeants souhaitent effectuer des simulations de répartition du résultat de l'exercice N. En effet, l'entreprise souhaite satisfaire la volonté des actionnaires de percevoir des dividendes confortables. Toutefois, l'équipe dirigeante cherche à consolider ses fonds propres.

Les statuts ne prévoient pas de réserve en dehors des obligations légales. Le dividende sera arrondi à l'euro inférieur.

4 **Retrouver le bénéfice distribuable de N+1 (annexe 5).**

5 **Présenter l'affectation du résultat dans chacune des hypothèses proposées (annexe 5).**

6 **Choisir l'hypothèse la plus favorable aux actionnaires et présenter le bilan de PICKY au 31/12/N+1.**

Annexe 4 Bilan de l'entreprise PICKY au 31/12/N+1 (avant répartition)

ACTIF				PASSIF	Net
	Brut	Amort. & Dép.	Net		
ACTIF IMMOBILISÉ				**CAPITAUX PROPRES**	
Immo incorporelles	10 000	2 500	7 500	Capital (1 200 actions)	120 000
Immo corporelles	240 432	99 668	140 764	Réserve légale	12 000
Immo financières	36 500	0	36 500	Autres réserves	89 000
				Résultat de l'exercice	185 000
				Report à nouveau	867
Total 1	**286 932**	**102 168**	**184 764**	**Total 1**	**406 867**
ACTIF CIRCULANT				**DETTES**	
Stocks	77 506	8 000	69 506	Emprunts bancaires	189 756
Créances	625 300	0	625 300	Dettes fournisseurs	249 080
Disponibilités	76 230	0	76 230	Dettes autres	110 097
Total 2	**779 036**	**8 000**	**771 036**	**Total 2**	**548 933**
TOTAL ACTIF	**1 065 968**	**110 168**	**955 800**	**TOTAL PASSIF**	**955 800**

Annexe 5 Tableau d'affectation du résultat

Éléments	Hypothèse 1	Hypothèse 2
Bénéfice net		
Dotation à la réserve légale		
Dotation à la réserve statutaire		
Report à nouveau N		
Bénéfice distribuable		
Dotation à la réserve facultative	40 000	140 000
Dividendes		
Report à nouveau de N+1		

Annexe 6 Bilan de l'entreprise PICKY au 31/12/N+1 (après répartition)

ACTIF				PASSIF	
	Brut	Amort. & Dép.	Net		
ACTIF IMMOBILISÉ				**CAPITAUX PROPRES**	
Immo incorporelles	10 000	2 500	7 500	Capital (1 200 actions)	
Immo corporelles	240 432	99 668	140 764	Réserve légale	
Immo financières	36 500	0	36 500	Autres réserves	
				Résultat de l'exercice	
				Report à nouveau	
Total 1	**286 932**	**102 168**	**184 764**	**Total 1**	
ACTIF CIRCULANT				**EMPRUNTS ET DETTES**	
Stocks	77 506	8 000	69 506	Emprunts bancaires	
Créances	625 300	0	625 300	Dettes fournisseurs	
Disponibilités	76 230	0	76 230	Dettes autres	
Total 2	**779 036**	**8 000**	**771 036**	**Total 2**	
TOTAL ACTIF	**1 065 968**	**110 168**	**955 800**	**TOTAL PASSIF**	

CHAPITRE 13

Les coûts complets et la prise de décision

CAPACITÉS » Apprécier la pertinence du choix de la méthode de calcul de coûts dans une situation donnée ou les éventuelles limites de ce choix.

NOTIONS » Coût complet, charges directes, charges indirectes.

3.4 - Qu'apporte l'analyse des coûts à la prise de décision ?

Contexte Terre-Frais

» MISE EN SITUATION

L'entreprise TERRE-FRAIS est située au cœur de la première région agricole de France, les Hauts-de-France. Son histoire a débuté en 1998 quand M. Garnier lance l'idée d'un écrasé de pommes de terre Bio, sans colorant ni conservateur, à base de la pomme de terre de Merville. Celles-ci sont issues de la région et bénéficient d'une indication géographique protégée (IGP) et d'un Label rouge. Depuis, TERRE-FRAIS a lancé différentes purées de légumes mais son écrasé de pommes de terre Bio à l'origine de la création de l'entreprise demeure au cœur de son activité.

L'écrasé de pommes de terre Bio TERRE-FRAIS est fabriqué à partir de pommes de terre françaises, issues exclusivement de la variété Bintje, variété historiquement cultivée dans le nord de la France depuis 1935.

Présentées sous forme de barquette micro-ondable de 400 grammes, les portions peuvent également être cuites à la casserole à feu moyen. Le client ajoute une noisette de beurre après cuisson pour déguster ce plat 100 % naturel. La production de TERRE-FRAIS lui permet d'atteindre des parts de marché honorables face à ses concurrents appartenant pour la plupart à de grands groupes industriels.

Face à une concurrence sur les prix de plus en plus forte, le gérant, M. Garnier, désire connaître avec précision le résultat réalisé sur la vente des barquettes d'écrasé de pommes de terre Bio afin de savoir s'il est possible de baisser leur prix pour améliorer la compétitivité du produit et augmenter ses ventes.

Les caractéristiques principales de l'organisation	
Type	Entreprise privée
Statut juridique	SARL
Secteur d'activité	Secondaire
Taille	PME : 19 salariés Chiffre d'affaires de 1,1 million
Les autres caractéristiques de l'organisation	
Nationalité	Française
Ressources financières	Capital social de 34 000 €
Ressources matérielles	Machines et locaux implantés à Vecquemont (département de la Somme)
Champ géographique	National

Découvrir

1 DISTINGUER LES CHARGES DIRECTES ET LES CHARGES INDIRECTES

M. Garnier fait appel à un cabinet de contrôle de gestion pour lui venir en aide. M. Monnier est missionné comme consultant pour apporter son expertise sur la formation du coût de revient des barquettes. Il doit étudier les coûts apparaissant à chaque étape de la fabrication.

Document 1 **Les étapes du processus de production des barquettes de purée**

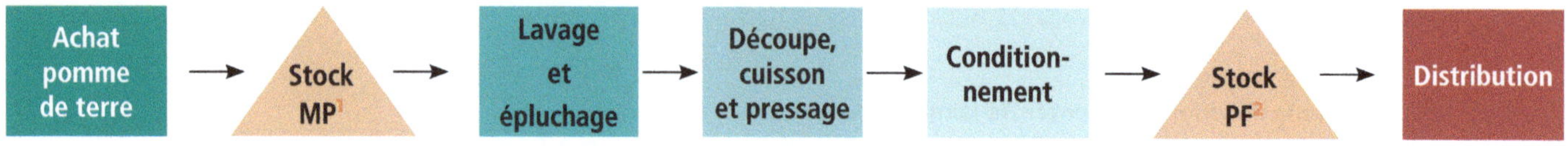

[1] *MP : matières premières* - [2] *PF : Produits finis*

Document 2 **Entretien entre le dirigeant de TERRE-FRAIS et le consultant du cabinet de contrôle de gestion**

M. Garnier : J'espère que la visite de l'usine vous a plu. Avez-vous des questions avant de débuter vos travaux ?

M. Monnier : Non, ça ira très bien. J'ai facilement distingué chaque étape du processus de production. L'approvisionnement avec l'achat et le stockage en silos des pommes de terre Bio, la production et enfin la distribution. Mon travail devrait être simple, rassurez-vous. Je vais juste devoir distinguer clairement les charges directes des charges indirectes.

M. Garnier : Les charges directes sont les charges directement attribuables aux produits. C'est ça ?

M. Monnier : Oui, l'achat de pommes de terre, par exemple, peut être affecté immédiatement au coût de revient de la purée correspondante. Au contraire, les charges indirectes nécessitent des calculs intermédiaires pour être affectées à un produit.

M. Garnier : Pourquoi doit-on réaliser un calcul avant d'imputer les charges indirectes aux coûts ?

M. Monnier : Ces charges concernent plusieurs produits et ne peuvent pas être affectées directement. C'est le cas de la facture d'électricité par exemple. Doit-elle être imputée plus à la purée de pommes de terre Bio ou à la purée de carottes ? Il faut pour ces charges passer par la méthode des centres d'analyse.

1 **Rappeler ce qui différencie une charge directe d'une charge indirecte.**

....

....

....

2 **Indiquer pour chaque charge du document 3 si elle est directe ou indirecte. Justifier.**

Document 3 **Classement des principales charges de l'entreprise TERRE-FRAIS par nature**

	Charge directe	Charge indirecte	Justification
1. Achat de pommes de terre Bio (Bintje)			
2. Salaire du responsable de la production de l'écrasée de pommes de terre Bio			
3. Salaire de la secrétaire de M. Garnier			
4. Charges liées à l'énergie (électricité)			
5. Campagne de publicité pour l'écrasée de pommes de terre Bio			
6. Cotisations d'assurance			

2 L'ANALYSE DES CHARGES INDIRECTES

En étudiant avec les différents acteurs de l'entreprise la formation des coûts chez TERRE-FRAIS, M. Monnier a découvert que les charges d'approvisionnement concernent presque uniquement les pommes de terre. Le poids des autres matières premières est jugé négligeable. Il a également décidé de rassembler les ateliers de production ayant des caractéristiques communes sous forme de « centres d'analyse » pour faciliter leur étude. Enfin, il a fixé la nature des unités d'œuvre, c'est-à-dire des indicateurs de la façon dont les centres de coûts consomment les charges correspondantes.

Les **unités d'œuvre** (UO) permettent de répartir les **charges indirectes** en fonction de critères tels que le volume d'heures de main-d'œuvre utilisée, le nombre de kilos de matières premières achetées, le chiffre d'affaires du produit... pour les imputer par la suite dans un calcul de coût de revient d'un produit.

On détermine le **coût de l'unité d'œuvre** en divisant le montant du centre d'analyse par le nombre d'unités d'œuvre retenue de ce centre.

Document 4 **Tableau des charges indirectes de l'entreprise TERRE-FRAIS**

	Centres d'analyse				
	Approvisionnement	**Lavage/ Épluchage**	**Découpe/ Cuisson/Pressage**	**Conditionnement**	**Distribution**
Montant à répartir	10 000 €	31 500 €	26 000 €	36 000 €	26 000 €
Nature de l'unité d'œuvre (UO)	Tonne de légumes achetées	Tonne de légumes épluchées	Tonne de légumes cuites et pressées	Nombre de barquettes produites	Nombre de barquettes vendues
Nombre d'UO	40	39	36,5	90 000	88 000
Coût de l'UO	250 €	808 €	712 €	0,40 €	0,30 €

3 **Identifier à quoi correspondent les 10 000 € du centre approvisionnement (document 4).**

4 **Justifier le choix de l'unité d'œuvre du centre approvisionnement.**

5 **Retrouver par le calcul le coût de l'unité d'œuvre du centre conditionnement et indiquer sa signification.**

6 **Déterminer le montant des charges indirectes du centre distribution pour la production de 4 000 barquettes.**

3 LE COÛT D'ACHAT ET LES STOCKS DE MATIÈRES PREMIÈRES

M. Monnier consulte les prévisions d'achat de légumes et précise que 30 tonnes de pommes de terre « Bintje » sont nécessaires pour fabriquer les 75 000 barquettes prévues d'écrasé de pommes de terre Bio. En raison de la sécheresse de l'été dernier les prix ont beaucoup augmenté et la tonne est vendue 300 €. Il craint que ce niveau de prix nuise aux marges de l'entreprise TERRE-FRAIS. Il devra s'appuyer pour réaliser la fiche de stock des pommes de terre Bio sur l'existence de deux tonnes de « Bintje » déjà présentes dans l'entreprise.

Le **coût d'achat** se calcule en additionnant le prix d'achat aux frais liés à l'achat (exemple : frais de transport). Il comprend l'ensemble des charges directes d'achat et indirectes liées à l'approvisionnement.

Document 5 Coût d'achat des pommes de terre Bio

	Quantité	Prix unitaire	Montant
Achat de pommes de terre	30	300,00	9 000,00
Charges indirectes d'approvisionnement	30	250,00	7 500,00
Coût d'achat	30	550,00	16 500,00

7 **Indiquer le montant du coût d'achat d'une tonne de pommes de terre Bio. Préciser sa composition.**

8 **En vous référant au tableau des charges indirectes du document 4, justifier les éléments retenus pour valoriser les charges indirectes d'approvisionnement dans le document 5.**

Document 6 Fiche de stock des pommes de terre Bio (Méthode CUMP)

	Quantité	Prix unitaire	Montant		Quantité	Prix unitaire	Montant
Stock initial	2	390,00	780,00	**Sorties**	30,5	540,00	16 470,00
Entrées	30	550,00	16 500,00	**Stock final**	1,5	540,00	810,00
Total	32	540,00	17 280,00	**Total**	32	540,00	17 280,00

9 **Identifier à quoi correspondent les « Entrées » de la fiche de stock (document 6).**

La **méthode du coût unitaire moyen pondéré** est la méthode de valorisation des stocks la plus utilisée par les entreprises. Elle consiste à estimer les stocks en calculant le coût unitaire moyen d'un produit en fin de période. Les sorties sont alors valorisées par rapport au coût moyen unitaire des entrées.

10 **Expliquer le calcul du coût moyen pondéré du stock de pommes de terre et déterminer le coût auquel seront valorisées les sorties.**

11 **Estimer si les achats de la période ont été suffisants pour satisfaire la production de barquette d'écrasé de pommes de terre ?**

4 LE COÛT DE PRODUCTION ET LES STOCKS DE PRODUITS FINIS

TERRE-FRAIS prévoit pour le mois une production de 75 000 barquettes d'écrasé de pommes de terre. M. Monnier utilise les informations recueillies auprès des acteurs de la production ainsi que les sorties du stock de pommes de terre Bio pour évaluer le coût de production des barquettes.

Le **coût de production** est la somme des dépenses liées à la fabrication d'un produit. Ce coût est composé des charges directes et indirectes de la production. Le coût de production est un indicateur de compétitivité, plus il est faible et plus le produit est compétitif par rapport aux produits concurrents.

Document 7 **Coût de production des barquettes d'écrasé de pommes de terre Bio**

	Quantité	Prix unitaire	Montant
Charges directes de production			
Coût d'achat des pommes de terre consommées (sorties de stock)			
Main-d'œuvre directe	1 500	15,00	22 500,00
Charges indirectes de production			
Centre lavage/épluchage	30,5	808,00	24 644,00
Centre découpe/cuisson/pressage	29		
Centre conditionnement			
Coût de production			

12 **Rechercher dans quel document M. Monnier pourra trouver les informations nécessaires à la prise en compte, dans le coût de production, des charges indirectes.**

13 **Compléter le tableau du coût de production (document 7).**

Les produits TERRE-FRAIS sont stockés avant d'être expédiés vers les différents distributeurs de la marque. Les stocks de produits finis et les délais de stockage sont très courts en raison du caractère périssable des produits. Il n'y a actuellement pas de stock initial dans la fiche de stock des barquettes d'écrasé de pommes de terre. Les ventes prévues sur la période sont de 73 500 barquettes pour la période.

Document 8 **Fiche de stock des barquettes d'écrasé de pommes de terre Bio (Méthode CUMP)**

	Quantité	Prix unitaire	Montant		Quantité	Prix unitaire	Montant
Stock initial	-	-	-	**Sorties**			
Entrées				**Stock final**			
Total				**Total**			

14 **Remplir la fiche de stock des barquettes d'écrasé de pommes de terre Bio (document 8).**

15 **Déterminer le coût de production d'une barquette vendue avec la méthode du CUMP.**

La **variation des stocks** se calcule de la manière suivante :
Stock initial - Stock final.
Si le stock initial est supérieur au stock final, il y a déstockage, c'est-à-dire baisse du stock. Dans le cas contraire, l'entreprise est dans une phase de stockage.

16 **Identifier si TERRE-FRAIS est dans une phase de stockage ou dans une phase de déstockage. Justifier.**

5 LE COÛT DE REVIENT ET LE RÉSULTAT ANALYTIQUE

M. Monnier va vérifier, avec le calcul du coût complet des barquettes de pommes de terre Bio puis le calcul du résultat analytique, que le produit phare de l'entreprise TERRE-FRAIS est rentable à son prix de vente actuel. Ce dernier est estimé en moyenne à 2,70 € pour chacune des 73 500 barquettes vendues.

Le **coût de revient** correspond à la somme des charges (directes et indirectes) engagées par une organisation pour la production et la distribution d'un produit. L'évaluation du coût de revient permet de déterminer le prix de vente minimal permettant de dégager une marge bénéficiaire et ainsi d'éviter de vendre à perte. Le **coût de revient** permet d'évaluer la rentabilité d'un produit ou d'un service. S'il est trop élevé, il faudra que l'entreprise augmente ses prix ou travaille sur une diminution des charges (mise en concurrence des fournisseurs, modération salariale...).

Document 9 Coût de revient des barquettes d'écrasé de pommes de terre Bio

	Quantité	Prix unitaire	Montant
Coût de production des barquettes vendues	73 500	1,52	111 720,00
Charges indirectes de distribution	73 500	0,30	22 050,00
Coût de revient	**73 500**	**1,82**	**133 770,00**

Document 10 Résultat analytique des barquettes d'écrasé de pommes de terre Bio

	Quantité	Prix unitaire	Montant
Chiffre d'affaires			
Coût de revient			
Résultat			

17 Déterminer le résultat global et unitaire des barquettes en complétant le document 10.

18 Montrer que la méthode de calcul des coûts a permis de vérifier la rentabilité des barquettes d'écrasé de pommes de terre Bio.

Document 11 Nouveau résultat analytique des barquettes d'écrasé de pommes de terre Bio

	Quantité	Prix unitaire	Montant
Chiffre d'affaires			
Coût de revient			
Résultat			

19 Évaluer le nouveau résultat analytique (document 11). Commenter vos résultats.

20 Déterminer les limites de cette méthode.

À retenir

LES COÛTS COMPLETS ET LA PRISE DE DÉCISION

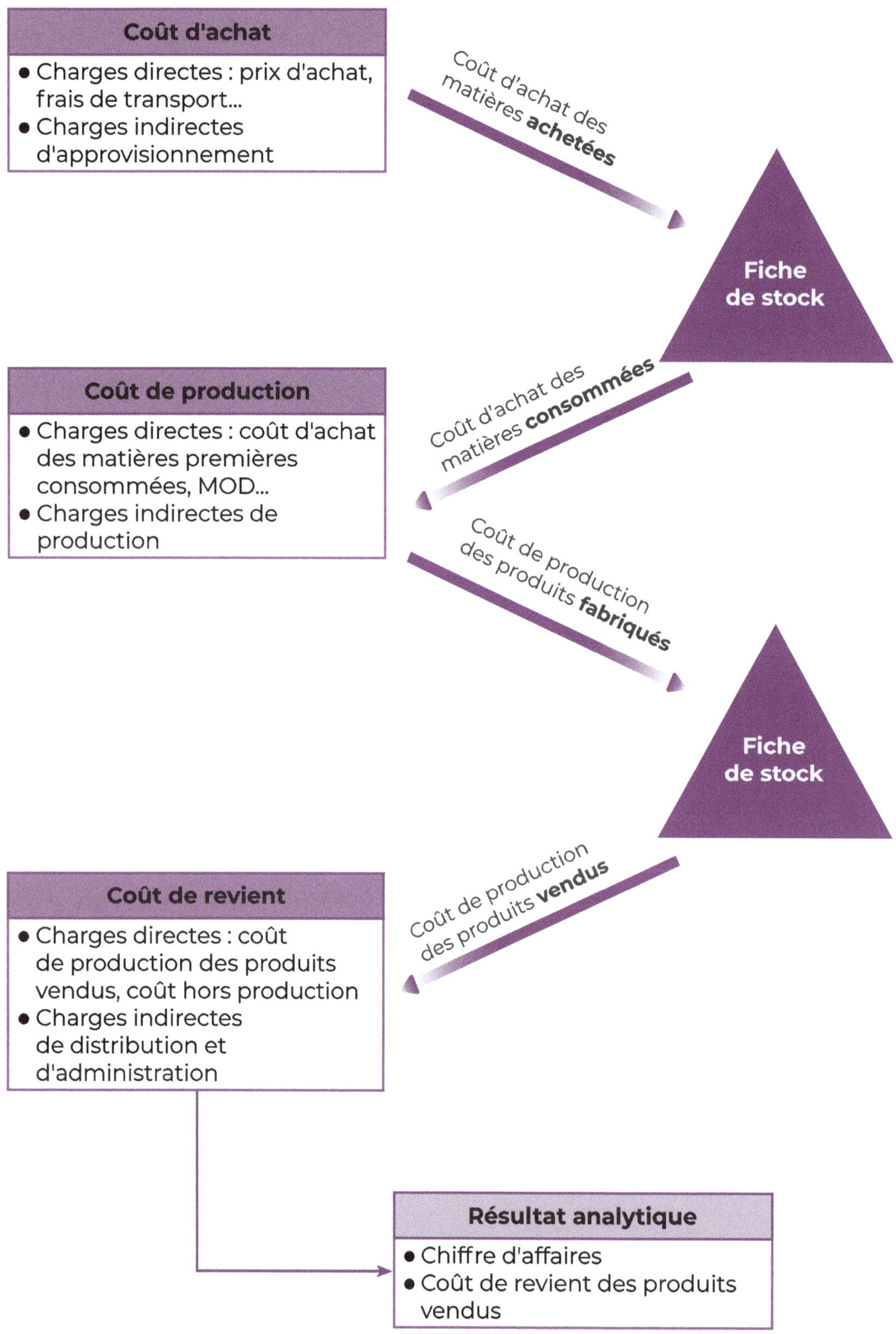

Se tester en ligne
https://eqrcode.co/a/lB3ipm

» LIEN AVEC LE MANAGEMENT, SCIENCES DE GESTION ET NUMÉRIQUE

Contrôle des coûts : coûts complets, coût spécifique.

Appliquer

Activité 1 Évaluer les stocks et le résultat analytique d'un produit

SAS_BIZCUITS.xlsx

La **SAS BIZCUITS** est une entreprise spécialisée dans la fabrication de biscuits « Langue de chat ». Issa, le comptable de l'entreprise s'interroge sur la rentabilité de ses biscuits. Il souhaite étudier la valorisation des stocks de matières premières réalisée avec la méthode du coût unitaire moyen pondéré.

1 Évaluer le coût d'achat unitaire de chacune des matières premières.

2 Établir les fiches de stock des différentes matières premières (annexe 2).

3 Étudier la variation des stocks du sucre et des œufs. Commenter.

4 Déterminer le coût de l'unité d'œuvre du centre distribution.

5 Compléter les annexes 4 à 6. Conclure.

Annexe 1 Données de mai N

Achats de matières premières
Œufs : 800 œufs à 0,40 €/unité
Farine : 100 kg à 1,3 €/kg
Sucre : 100 kg à 1,9 €/kg
Beurre : 110 kg à 5 €/kg

Stocks initiaux
Œufs : aucun stock
Beurre : 2 kg à 4,5 €/kg
Sucre : 55 kg à 2 €/kg
Farine : 10 kg à 1 €/kg

Consommations
Œufs : 700 œufs
Farine : 100 kg
Sucre : 125 kg
Beurre : 110 kg

Les frais d'approvisionnement correspondent à 10 % du prix des matières premières achetées.

Annexe 2 Fiches de stock

Fiche de stock : Œufs

	Quantité	Prix unitaire	Montant		Quantité	Prix unitaire	Montant
Stock initial				Sorties			
Entrées				Stock final			
Total				Total			

Fiche de stock : Farine

	Quantité	Prix unitaire	Montant		Quantité	Prix unitaire	Montant
Stock initial				Sorties			
Entrées				Stock final			
Total				Total			

Fiche de stock : Sucre

	Quantité	Prix unitaire	Montant		Quantité	Prix unitaire	Montant
Stock initial				Sorties			
Entrées				Stock final			
Total				Total			

Fiche de stock : Beurre

	Quantité	Prix unitaire	Montant		Quantité	Prix unitaire	Montant
Stock initial				Sorties			
Entrées				Stock final			
Total				Total			

Annexe 3 Tableau des charges indirectes (extrait)

	Centres d'analyse			
	Atelier préparation	Atelier cuisson	Atelier conditionnement	Distribution
Montant à répartir	500 €	1 000 €	1 000 €	1 500 €
Nature de l'unité d'œuvre (UO)	Kg de biscuits préparés	Kg de biscuits cuits	Nombre de boîtes conditionnées	Nombre de boîtes vendues
Nombre d'UO	40 000	40 000	2 500	2 500
Coût de l'UO	0,0125 €	0,0250 €	0,4000 €	

Annexe 4 Coût de production des 2 500 boîtes de biscuits

	Quantité	Prix unitaire	Montant
Charges directes de production			
Coût d'achat des œufs consommé			
Coût d'achat de la farine			
Coût d'achat du sucre			
Coût d'achat du beurre			
Main-d'œuvre directe	5	18,54	
Charges indirectes de production			
Centre préparation	40 000		
Centre cuisson	40 000		
Centre conditionnement	2 500		
Coût de production			

Annexe 5 Coût de revient des 2 500 boîtes de biscuits

	Quantité	Prix unitaire	Montant
Coût de production			
Charges indirectes de distribution			
Coût de revient			

Annexe 6 Résultat analytique des 2 500 boîtes de biscuits

	Quantité	Prix unitaire	Montant
Chiffre d'affaires		2,50	
Coût de revient			
Résultat			

Activité 2 Analyser le coût d'un produit

ATRYA.xlsx

Le groupe **ATRYA** est basé à Gundershoffen au nord de Strasbourg. C'est le premier réseau franchisé de menuiseries sur mesure. Depuis 35 ans, cette entreprise avec son réseau de 300 franchisés sous la marque TRYBA fabrique et commercialise des portes et des fenêtres dans toute la France.

Le responsable financier travaille sur l'analyse des coûts de la ***fenêtre PVC T70*** à partir des chiffres du mois de mai. Pour fabriquer ce produit, l'entreprise achète des plaques de PVC qu'elle découpe aux dimensions requises dans l'atelier découpe, les fenêtres sont assemblées dans l'atelier assemblage et peintes dans l'atelier finition.

1 **Justifier le montant du coût de l'unité d'œuvre du centre approvisionnement (annexe 2).**

2 **Compléter le coût d'achat et la fiche de stock des plaques de PVC (annexes 3 et 4).**

3 **Préciser si l'entreprise est en phase de stockage ou de déstockage. Justifier.**

4 **Identifier dans la fiche de stock, le coût d'achat d'une plaque de PVC consommée dans le processus de production en mai.**

5 **Déterminer le coût de production, le coût de revient et le résultat analytique des fenêtres PVC T70 (annexes 5 à 7).**

6 **Proposer un nouveau prix de vente permettant d'assurer un résultat analytique de 20 000 €.**

Annexe 1 Données complémentaires du mois de mai (fenêtre PVC T70)

- Stock plaques de PVC au 1er mai : 1 000 m² pour une valeur totale de 26 060 €.
- Achats de plaques de PVC : 2 400 m² pour un prix unitaire de 22 €.
- Plaques de PVC consommées dans l'atelier découpe : 2 500 m².
- Main-d'œuvre directe : 1 320 h à 28 € (dont 320 heures pour l'atelier assemblage).
- L'entreprise a fabriqué et vendu 1 200 fenêtres PVC T70 sur la période pour un prix unitaire de 185 €.

Annexe 2 Tableau de répartition des charges indirectes de l'entreprise TRYBA

	Approvisionnement	Découpe	Assemblage	Finition	Distribution
Montant à répartir	180 000,00 €	125 000,00 €	72 002,00 €	130 000,00 €	195 000,00 €
Nature de l'unité d'œuvre (UO)	Valeur en € des matières achetées	Le m² de matière découpée	Heure MOD assemblage	Nombre de produits fabriqués	Nombre de produits vendus
Nombre d'UO	900 000	25 000	10 286	26 000	26 000
Coût de l'UO	0,20	5,00	7,00	5,00	7,50

Annexe 3 Coût d'achat des plaques de PVC

	Quantité	Prix unitaire	Montant
Achats			
Charges indirectes d'approvisionnement	52 800	0,20	10 560,00
Coût d'achat			

Annexe 4 Fiche de stock des plaques PVC du mois de mai (méthode CUMP)

	Quantité	Prix unitaire	Montant
Stock initial			
Entrées			
Total			

	Quantité	Prix unitaire	Montant
Sorties			
Stock final			
Total			

Annexe 5 Coût de production des 1 200 fenêtres PVC T70

	Quantité	Prix unitaire	Montant
Charges directes			
Plaques de PVC consommées			
Autres matières premières			94 950,00
MOD			
Charges indirectes			
Découpe			
Assemblage			
Finition			
Coût de production			

Annexe 6 Coût de revient des 1 200 fenêtres PVC T70

	Quantité	Prix unitaire	Montant
Coût de production			
Charges indirectes de distribution			
Coût de revient			

Annexe 7 Résultat analytique des 1 200 fenêtres PVC T70

	Quantité	Prix unitaire	Montant
Chiffre d'affaires			
Coût de revient			
Résultat			

CHAPITRE 14

Les coûts partiels et la prise de décision

CAPACITÉS
- Mesurer l'impact de la modification de l'offre commerciale d'une entreprise sur ses coûts.
- Mesurer l'impact d'une commande supplémentaire sur le résultat de l'entreprise.
- Apprécier la pertinence du choix de la méthode de calcul de coûts dans une situation donnée ou les éventuelles limites de ce choix.

NOTIONS
- Coût partiel : charges variables, charges fixes.
- Coût marginal.
- Coût spécifique : charges variables, charges fixes spécifiques.

3.4 - Qu'apporte l'analyse des coûts à la prise de décision ?

Contexte Biscuiterie JEANNETTE

» MISE EN SITUATION

La Biscuiterie JEANNETTE est une entreprise normande forte d'un savoir-faire de plus de 150 ans dans la fabrication de madeleines haut de gamme. Après une menace de fermeture en 2013, la société trouve un repreneur et se finance dans un premier temps par deux campagnes de financement participatif (par le don et l'investissement). Le crowdfunding[1] permet à la biscuiterie de collecter plus de 430 000 euros auprès de plus de 2 000 contributeurs et 150 investisseurs particuliers.

L'entreprise est extrêmement vigilante à ce que l'optimisation des coûts ne se fasse pas au détriment de la qualité des madeleines, grande priorité de la société. Ainsi, les madeleines sont fabriquées à partir d'ingrédients nobles, principalement locaux dont les recettes sont élaborées avec un chef pâtissier.

Avec un chiffre d'affaires de 2,8 millions d'euros l'année dernière, l'entreprise dirigée par André Réol, continue sa croissance cette année en dynamisant la commercialisation de ses produits par internet. Les madeleines sont distribuées dans le magasin d'usine situé à Colombelles dans le Calvados, dans plusieurs centaines d'épiceries fines et dans quelques grandes surfaces dont l'enseigne MONOPRIX.

Les caractéristiques principales de l'organisation	
Type	Entreprise privée
Secteur d'activité	Industrie agroalimentaire
Nationalité	Française
Les autres caractéristiques de l'organisation	
Statut	SAS
Ressources humaines	32 salariés
Ressources financières	Capital social de 207 135 €
Ressources matérielles	Deux usines et une boutique
Ressources immatérielles	Le label « Entreprise du Patrimoine Vivant » Site Internet de vente en ligne
Champ géographique	National

[1] *Financement participatif*

Découvrir

1 DISTINGUER LES CHARGES VARIABLES ET LES CHARGES FIXES

Comme chaque automne, la Biscuiterie JEANNETTE et MONOPRIX, son client, sont en contact pour négocier les commandes de l'année à venir. L'enseigne favorite des citadins branchés négocie un nouveau contrat d'une dizaine de tonnes de madeleines sans gluten à son fournisseur normand. Évidemment une telle commande nécessite que la biscuiterie propose un prix de vente inférieur au prix habituel. Cette augmentation du volume de production aura des conséquences sur les structures de production de l'organisation et son dirigeant, André Réol, souhaite que Mme Dolley, sa gestionnaire en étudie l'impact sur les coûts avant la réunion qui finalisera les négociations.

Document 1 **Extrait d'une réunion des services interne de la Biscuiterie JEANNETTE**

M. Réol : Comment se déroule l'analyse des charges de la commande « Monop', » ? On parle d'environ 45 000 boîtes.

Mme Dolley : J'ai de petites difficultés pour les salaires et les frais divers. Les autres charges sont plus simples à caractériser. Je me base sur leur comportement.

M. Réol : Leur évolution en fonction de l'activité ?

Mme Dolley : Oui, c'est ça. Si elles réagissent à l'augmentation ou à la diminution de la production ou du chiffre d'affaires. Par exemple, je sais que pour chaque boîte vendue, j'ai dû acquérir un autocollant. Que cet achat est donc une charge variable proportionnelle à l'activité. C'est moins simple pour le personnel.

M. Réol : Quelle est la difficulté avec les salaires ?

Mme Dolley : La même que pour l'électricité. Dans les deux cas, les charges n'évoluent que partiellement, en fonction de l'activité.

M. Réol : C'est vrai que j'ai accordé une part de salaire variable pour encourager la production. Cela représente 10 % des charges de personnel de mémoire.

Mme Dolley : Merci, je note cette information. Pour les frais divers, j'ai considéré qu'ils étaient fixes à hauteur de 80 %.

1 **Expliquer ce qui différencie une charge variable d'une charge fixe.**

....

....

2 **Repérer, dans le document 1, les difficultés rencontrées par Mme Dolley dans son étude du comportement des charges.**

....

....

....

Document 2 **Charges du contrat « Monoprix » pour 9 tonnes (45 000 boîtes)**

Charges	Montants	% de variabilité	Montant variable	Montant fixe	Commentaires
Matières premières	72 000,00 €	100 %			Œufs frais, farine sans gluten…
Autres achats	10 180,00 €				Boîtes en carton, autocollants…
Loyer et assurance	1 400,00 €				Loyer du bâtiment de production.
Dotation aux amortissements	2 600,00 €				Évaluation comptable de la détérioration des machines.
Charges de personnel	53 000,00 €				Cotisations patronales comprises.
Frais divers	3 600,00 €				Frais d'entretien, électricité…
		Total			

3 **Compléter le document 2 en indiquant le pourcentage de variabilité de chaque charge.**

4 **Déterminer le montant des charges variables et fixes pour leurs montants unitaires (par boîte).**

5 **Identifier l'impact d'une augmentation du volume de la commande de 5 % sur le montant total des charges et sur les charges fixes unitaires. Expliquer vos résultats.**

2 LA MÉTHODE DU COÛT VARIABLE

Pour préparer les négociations avec MONOPRIX, André Réol cherche à cibler la quantité de boîtes de madeleines sans gluten qu'il doit vendre à son client pour être rentable. Il envisage une hypothèse moyenne de 45 000 boîtes et une hypothèse basse de 35 000. Il songe à proposer un prix de vente à 3,5 euros la boîte de 8 madeleines et fixe un objectif de rentabilité de 7 % minimum sur le contrat.

La **méthode du coût variable** permet de faire apparaître une marge sur coût variable en réalisant la différence entre le chiffre d'affaires d'un produit ou d'une activité et le coût variable correspondant.
Après déduction des charges fixes, il sera possible de calculer un résultat.

6 **Dans l'hypothèse d'une vente de 35 000 boîtes (document 3), retrouver par le calcul :**

- **le montant du chiffre d'affaires :**
- **le montant des charges variables :**
- **le montant du taux de marge sur coût variable :**

7 **Compléter le compte de résultat différentiel (document 3).**

Un **compte de résultat différentiel** est un outil de prospection.
Il indique le niveau de marge dégagé par l'activité permettant de couvrir les charges fixes.

Document 3 **Compte de résultat différentiel (prix à 3,5 €)**

	35 000 boîtes		45 000 boîtes	
Éléments	**Montant**	**% de CA**	**Montant**	**% de CA**
Chiffre d'affaires	**122 500,00**	100,00 %		100,00 %
Charges variables	**68 600,00**	56,00 %		56,00 %
Marge sur coût variable	53 900,00	**44,00 %**		44,00 %
Charges fixes	54 580,00			
Résultat	- 680,00	- 0,56 %		9,35 %

8 **Expliquer pourquoi le taux de marge sur coût variable (taux de MCV) est identique dans les deux hypothèses.**

9 **Identifier le montant du résultat pour un chiffre d'affaires nul. Déterminer la marge sur coût variable minimum qui permettra à la Biscuiterie JEANNETTE de réaliser des bénéfices.**

Confiant dans la qualité de ses produits, M. Réol réfléchit à proposer un contrat de 55 000 boîtes à un prix de vente unitaire de 3 €. Il charge Mme Dolley de calculer la marge correspondante à cette dernière possibilité avant de proposer à MONOPRIX, lors du prochain rendez-vous, l'hypothèse la plus rentable pour la biscuiterie en termes de quantité et de prix.

Le **seuil de rentabilité** (SR) désigne le montant du chiffre d'affaires qui permet d'obtenir un résultat nul en couvrant l'intégralité des charges.

SR = Charges fixes/Taux de MCV

10 **Remplir le document 4. Évaluer le seuil de rentabilité de la Biscuiterie JEANNETTE dans l'hypothèse où elle vendrait ses boîtes à 3 €.**

Document 4 **Compte de résultat différentiel (prix à 3 €)**

	55 000 boîtes	
Éléments	**Montant**	**% de CA**
Chiffre d'affaires		
Charges variables		
Marge sur coût variable		
Charges fixes		
Résultat		

11 **Déterminer la quantité à vendre pour atteindre le seuil de rentabilité.**

12 **Conseiller M. Réol sur celle des 3 hypothèses qu'il devra défendre lors des négociations.**

3 LA MÉTHODE DU COÛT MARGINAL

La centrale d'achat du groupe auquel appartient MONOPRIX contacte la Biscuiterie JEANNETTE quelques mois plus tard. Les madeleines sans gluten se vendent très bien. Les acheteurs de la centrale proposent une commande supplémentaire de 5 000 unités. Au contraire des 45 000 premières boîtes vendues à 3,5 €, celles-ci seraient vendues au prix unitaire de 3 €. André Réol se souvient que le prix de 3 € ne semblait pas suffisamment rentable en automne, mais Mme Dolley lui conseille d'utiliser la méthode du coût marginal sur cette commande avant de prendre une décision. Elle insiste sur le fait que cette nouvelle commande ne nécessite pas de recourir à de nouvelles machines ou d'employer du personnel en complément, ainsi les charges fixes n'augmenteraient pas.

13 **Comparer le prix de vente proposé par MONOPRIX pour la commande supplémentaire avec les coûts unitaires constatés à la QUESTION 4. La commande vous paraît-elle rentable ?**

Document 5 **Coût marginal pour 5 000 boîtes**

Éléments	Refus de la commande supplémentaire	Acceptation de la commande supplémentaire	Commande (5 000 boîtes)	
			Global	Unitaire
Quantité	45 000	50 000	5 000	1,00
Chiffre d'affaires	157 500,00	172 500,00		
Charges variables	88 200,00	98 000,00		
Charges fixes	54 580,00	54 580,00		
Coût total	142 780,00	152 580,00		
Résultat	14 720,00	19 920,00		

14 **Retrouver par le calcul le montant du chiffre d'affaires et des charges variables dans l'hypothèse où la commande a été acceptée (document 5).**

15 **Compléter le document 5. Déterminer les conséquences sur les profits de la Biscuiterie JEANNETTE de l'acceptation de cette commande supplémentaire.**

16 **Indiquer le prix minimal que pourrait proposer André Réol dans la négociation de cette commande supplémentaire sans faire de pertes.**

Mme Dolley, dans l'éventualité de futures commandes supplémentaires de son client, établit une simulation pour déterminer les conséquences d'une commande supplémentaire de 15 000 boîtes à 3 €. Elle anticipe une augmentation des charges fixes de 16 000 € dans cette hypothèse pour accroître la capacité de production de l'entreprise.

Document 6 **Coût marginal pour 15 000 boîtes**

Éléments	Montant
Chiffre d'affaires	
Charges variables	
Charges fixes supplémentaires	
Coût marginal	
Résultat marginal	

17 **Déterminer le coût marginal et le résultat marginal de la commande supplémentaire de 15 000 boîtes (document 6). Commenter.**

4 LA MÉTHODE DU COÛT SPÉCIFIQUE

Régulièrement, la Biscuiterie JEANNETTE propose de nouveaux parfums de madeleines. Cœur chocolat, rhum amande, pomme, fraise, framboise, agrumes, gingembre... il y a tant de choix que l'entreprise doit se résigner parfois à arrêter certaines productions.

Mme Dolley a sélectionné trois saveurs : Cassis/Fleur de sureau, Citron et enfin Scarlet Framboise ; dont elle souhaite analyser les coûts. La direction pourra décider, à partir de ses travaux, l'abandon d'un des produits si elle l'estime non-rentable. Chaque boîte contient 8 madeleines haut de gamme.

Document 7 **Renseignements divers**

	Cassis/Fleur de sureau	Citron	Scarlet Framboise
Quantités vendues (en boîtes)	20 000	25 000	45 000
Prix de vente unitaire	8,5	4,9	5,3
Coût variable unitaire	3,1	1,7	2,09
Charges fixes globales		358 000	

Document 8 Schématisation de la méthode du coût variable

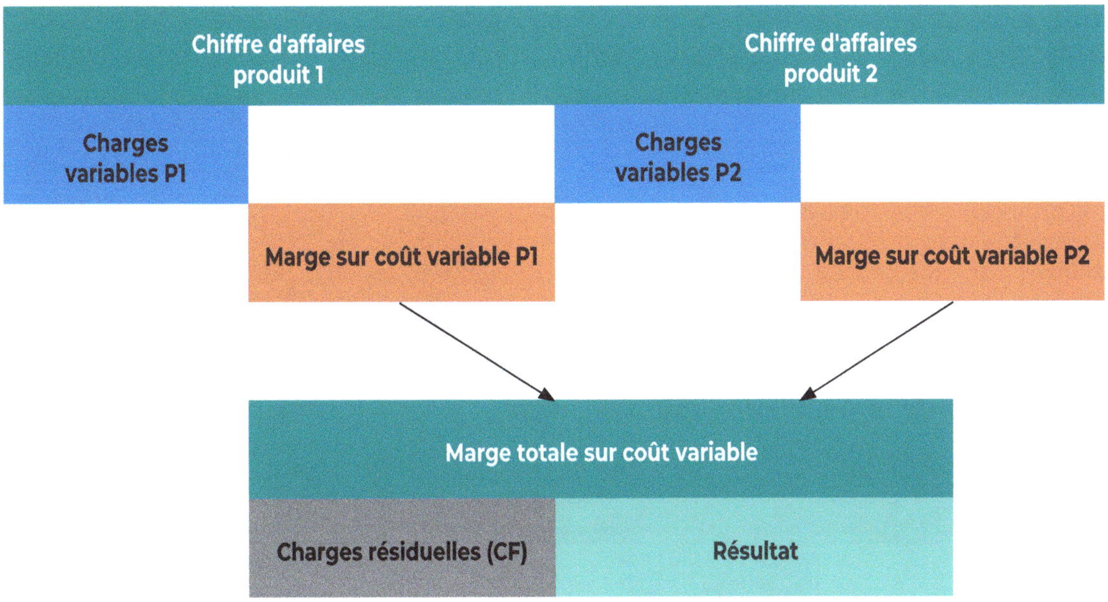

18 Renseigner le tableau du **document 9**, en vous appuyant sur la méthode du coût variable.

Document 9 Méthode du coût variable

	Cassis/Fleur de sureau	Citron	Scarlet Framboise
CA	170 000,00	122 500,00	
CV	62 000,00	42 500,00	
MCV	108 000,00	80 000,00	
Charges fixes			
Résultat			

19 Mme Dolley a-t-elle assez d'information sur la structure des coûts pour identifier le produit à l'origine du déficit (**document 9**). Commenter.

Après consultation des équipes de l'atelier production, Mme Dolley rectifie sa répartition des charges fixes et impute certains de ces coûts directement aux produits qui les génèrent. Elle souhaite des résultats les plus proches possible de la réalité des coûts dans la Biscuiterie.

La **méthode du coût spécifique** est un prolongement de la méthode du coût variable. Elle dissocie les charges fixes (CF) en CF directes et en CF indirectes.

Document 10 Schématisation de la méthode du coût spécifique

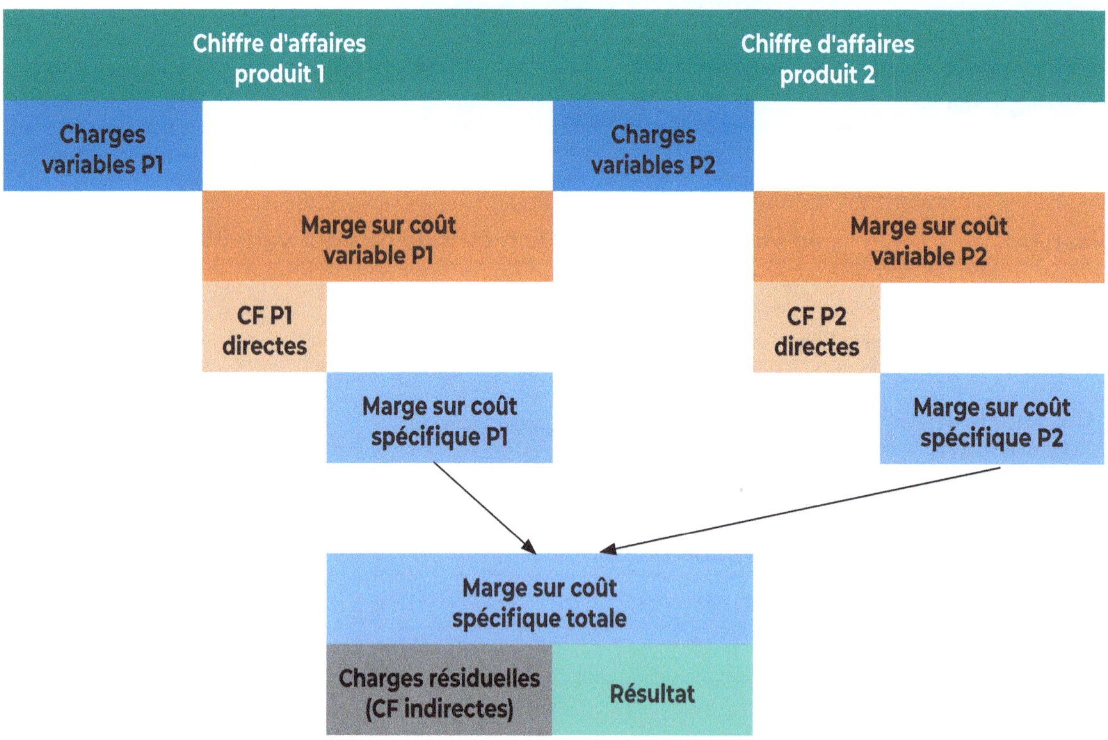

Document 11 Méthode du coût spécifique

	Cassis/Fleur de sureau	Citron	Scarlet Framboise
Chiffre d'affaires	170 000,00	122 500,00	238 500,00
Charges variables	62 000,00	42 500,00	94 050,00
Marge sur coût variable	108 000,00	80 000,00	144 450,00
Charges fixes directes	77 840,00	55 600,00	144 560,00
Marge sur coût spécifique			
Marge sur coût spécifique totale			
Charges fixes communes		80 000,00	
Résultat			

20 Compléter le document 11 à l'aide de la méthode du coût spécifique (document 10).

21 **Conseiller la Biscuiterie JEANNETTE dans sa prise de décision.**

Le chef de l'atelier production contacte Mme Dolley pour lui faire part d'une correction dans les montants des charges fixes directes. Heureusement, elle avait travaillé sur tableur et automatisé ses calculs. Son travail est mis à jour grâce aux formules de calculs qu'elle avait implantées.

Document 12 **Méthode des coûts spécifiques après correction**

	Cassis/Fleur de sureau	Citron	Scarlet Framboise
Chiffre d'affaires	170 000,00	122 500,00	238 500,00
Charges variables	62 000,00	42 500,00	94 050,00
Marge sur coût variable	108 000,00	80 000,00	144 450,00
Charges fixes directes	79 230,00	55 600,00	143 170,00
Marge sur coût spécifique	28 770,00	24 400,00	1 280,00
Marge sur coût spécifique totale	54 450,00		
Charges fixes communes	80 000,00		
Résultat	- 25 550,00		

22 **Constater le montant de la marge spécifique des boîtes de madeleines « Scarlet Framboise ». Conclure.**

À retenir

LES COÛTS PARTIELS ET LA PRISE DE DÉCISION

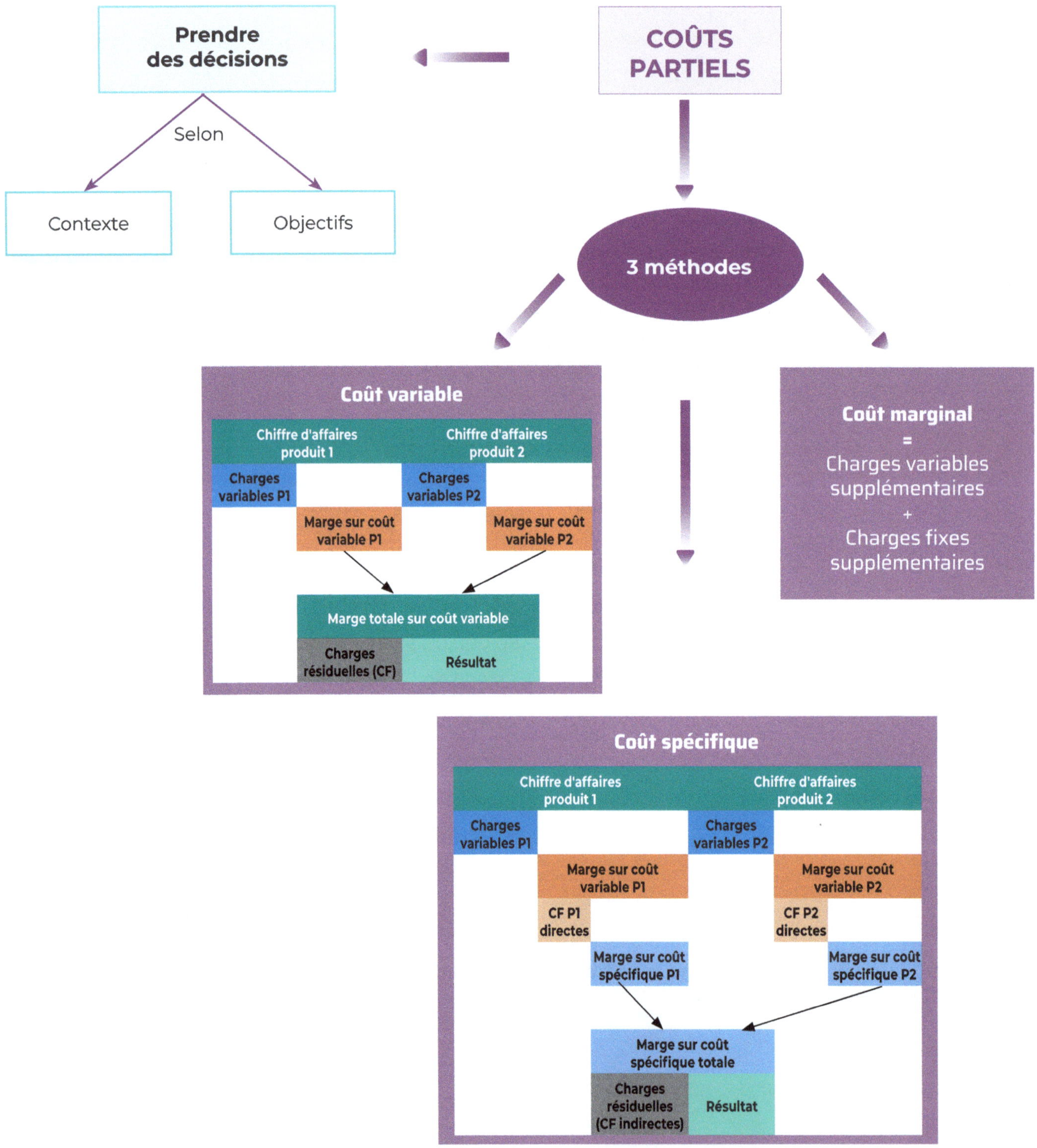

Se tester en ligne
https://eqrcode.co/a/cAcZtC

» LIEN AVEC LE MANAGEMENT, SCIENCES DE GESTION ET NUMÉRIQUE
Contrôle des coûts : coût complet, coût spécifique.

Appliquer

Activité 1 Étudier la rentabilité d'un nouveau produit

B_GOURMET.xlsx

Le food truck nantais **Le B-GOURMET** est un restaurant mobile cuisinant de savoureux burgers qui ont la particularité d'être cuisinés à partir de produits 100 % frais et locaux.

Le gérant souhaite compléter sa carte qui contient déjà deux burgers stars en commercialisant une « salade maison ». Il souhaite s'assurer de la rentabilité de ce nouveau plat avant de le lancer.

1 **Établir le compte de résultat prévisionnel (annexe 2) avec la méthode du coût spécifique.**

2 **Retrouver le taux de marge sur coût spécifique du produit « Salade maison ». Conclure sur l'opportunité de lancer ce produit.**

3 **Préciser les conséquences sur le résultat de la suppression du burger « Biggy » (annexes 3 et 4). Conclure.**

Annexe 1 Prévisions mensuelles moyennes

	Big Cheese	Biggy	Salade maison
Prix de vente moyen	3,50 €	4,50 €	7,00 €
Quantités vendues	700	310	340
Charges variables	40 %	45 %	60 %
Charges fixes directes	930,00	820,00	750,00
Charges fixes indirectes		1 000,00	

Annexe 2 Méthode du coût spécifique (avec le produit « Salade maison »)

	Big Cheese	Biggy	Salade maison
Chiffre d'affaires			
Charges variables			
Marge sur coût variable			
Charges fixes directes			
Marge sur coût spécifique			
Charges fixes communes			
Résultat			

Annexe 3 Méthode du coût spécifique (sans le Burger Biggy)

	Big Cheese	Salade maison
Chiffre d'affaires		
Charges variables		
Marge sur coût variable		
Charges fixes directes		
Marge sur coût spécifique		
Charges fixes communes		
Résultat		

Annexe 4 Informations complémentaires

La suppression du Burger Biggy a pour impact une augmentation de 15 % des quantités vendues de Big Cheese et de « Salade maison ».

Activité 2 Étudier la rentabilité d'un théâtre

THEATRE_SALINIERES.xlsx

Partie 1 - La rentabilité des spectacles

Le THÉÂTRE DES SALINIÈRES d'une capacité de 500 spectateurs est un théâtre privé non subventionné situé à Bordeaux. Réunissant plus de 20 000 spectateurs par an, le THÉÂTRE DES SALINIÈRES est une entreprise qui fait cohabiter de nombreux métiers. Le personnel se compose de décorateurs, costumières, techniciens son et lumière, artistes, tous embauchés pour la durée des spectacles auxquels ils participent. Pour fonctionner, le théâtre emploie également à l'année une l'équipe administrative en contrat à durée indéterminée.

Le mois de janvier a permis la diffusion de plusieurs pièces dont le spectacle « Les Grands bandits » vu par 1 050 spectateurs et la comédie « Une Famille modèle » qui a amusé 1 500 spectateurs. Chaque ticket est vendu 25 €.

Le contrôleur de gestion, M. Harache, souhaite s'assurer de la rentabilité de ces deux spectacles.

1 **Déterminer, pour chaque spectacle, le montant des charges variables et fixes qui doit leur être directement attribué. Évaluer le montant total des charges fixes du théâtre pour le mois de janvier.**

2 **Utiliser la méthode du coût variable pour déterminer la marge et le taux de marge sur coût variable de chacun des spectacles, ainsi que le résultat dégagé par le théâtre en janvier (annexe 2). Commenter.**

3 **Utiliser la méthode du coût spécifique pour déterminer la marge sur coût spécifique de chacun des spectacles et le résultat dégagé par le théâtre en janvier (annexe 3).**

4 **Réaliser une petite note argumentée pour informer M. Harache de la rentabilité des deux spectacles.**

5 **M. Harache souhaite connaître la quantité de spectateurs qu'aurait dû atteindre la pièce « Une Famille modèle » pour permettre au théâtre d'atteindre son seuil de rentabilité. Utiliser la fonction valeur cible de votre tableur (annexe 4).**

6 **Avec l'outil valeur cible, déterminer sur tableur à quel prix unitaire le ticket de spectacle aurait dû être vendu en janvier pour que le seuil de rentabilité du théâtre soit atteint.**

Annexe 1 Comportement des charges directes d'un spectacle théâtral

	Charges variables[2]	Charges fixes	Spectacles	
			« Les Grands bandits ! »	« UneFamille modèle »
Décors et costumes		✓	4 000	8 000
Charges de personnel (artistes et techniciens)	Pendant les représentations	Pendant les répétitions	Représentations : 40 % du chiffre d'affaires Répétitions : 6 000 €	Représentations : 38 % du chiffre d'affaires Répétitions : 14 000 €
Droits d'auteur	✓		1 € par ticket vendu	
Promotion		✓	800 €	1 750 €

Les charges fixes communes (salaire du personnel administratif, loyer, énergie…) s'élèvent à 5 000 € pour le mois.

[2] *Varie avec le nombre de représentations.*

Annexe 2 Méthode des coûts variables

	« Les Grands bandits ! »	« Une Famille modèle »
Chiffre d'affaires		
Charges variables		
Marge sur coût variable		
Taux de marge sur coût variable		
Charges fixes		
Résultat		

Annexe 3 Méthode des coûts spécifiques

	« Les Grands bandits ! »	« Une Famille modèle »
Chiffre d'affaires		
Charges variables		
Marge sur coût variable		
Charges fixes directes		
Marge sur coût spécifique		
Taux de marge sur coût spécifique		
Marge totale sur coût spécifique totale		
Charges fixes communes		
Résultat		

Annexe 4 La fonction valeur cible pour définir le seuil de rentabilité

Avec Excel

1. Cliquez sur la cellule indiquant le montant du résultat. Cette cellule à définir doit toujours contenir une formule.
2. Activez l'onglet **Données**, dans le groupe prévision, cliquez sur **Analyse de scénarios**, puis sur **valeur cible**.

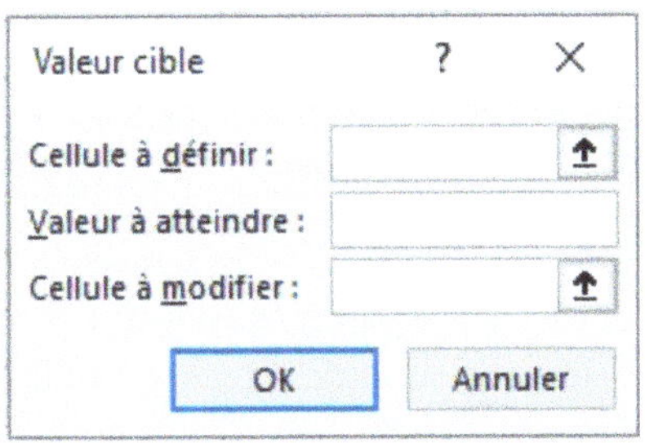

3. Dans la zone valeur à atteindre, tapez le résultat souhaité lorsqu'on cherche le seuil de rentabilité.
4. Dans la zone cellule à modifier, entrez la référence de la cellule qui contient la valeur que vous souhaitez ajuster (le prix ou la quantité selon l'exercice).

Avec LibreOffice

1. Cliquez sur la cellule indiquant le montant du résultat. Cette cellule à définir doit toujours contenir une formule.
2. Activez l'onglet **Outils**, cliquez sur **Recherche de valeur cible**.

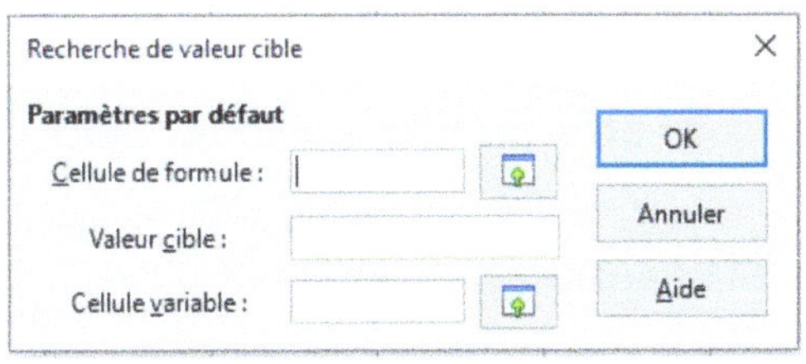

3. Dans la zone valeur cible, tapez le résultat souhaité lorsqu'on cherche le seuil de rentabilité.
4. Dans la zone cellule variable, entrez la référence de la cellule qui contient la valeur que vous souhaitez ajuster (le prix ou la quantité selon l'exercice).

Partie 2 - Le coût marginal

Afin d'éveiller ses élèves au théâtre, Mme Barthod, professeur de lettres modernes d'un lycée bordelais, contacte le THÉÂTRE DES SALINIÈRES. Elle souhaite qu'une représentation supplémentaire des pièces « Les Grands bandits ! » et « Une Famille modèle » soit jouée pour les 500 élèves de seconde et de première de son établissement. Le directeur du théâtre doute de l'intérêt financier d'accepter cette proposition. Il demande conseil à M. Harache car il ne comprend pas comment cette opération pourrait être rentable alors que le lycée ne pourra pas assumer le tarif habituel de 25 € par spectateur.

7 **Déterminer à l'aide de la méthode du coût marginal si le théâtre doit accepter un tarif de 10 € pour la représentation supplémentaire de la pièce « Les Grands bandits ! » (annexe 5). Commenter.**

8 **Évaluer si le théâtre peut accepter de faire payer un prix de 20 € par élève pour les deux représentations (annexe 6).**

9 **À l'aide de l'outil valeur cible, définir le tarif minimum par lycéen à fixer pour atteindre un bénéfice minimum égal à zéro. Identifier le résultat marginal dans ce cas.**

10 **Expliquer pourquoi des tarifs plus faibles peuvent permettre de créer des profits lors d'une commande supplémentaire.**

Annexe 5 Coût marginal pour le spectacle « Les Grands bandits »

Éléments	Refus de la représentation supplémentaire	Acceptation de la représentation	Coût marginal	
			Global	Unitaire
Spectateurs	1 050	1 550	500	1
Chiffre d'affaires	26 250,00			
Charges variables	11 550,00	17 050,00		
Charges fixes directes	10 800,00			
Marge sur coût spécifique	3 900,00			

Annexe 6 Coût marginal pour les deux spectacles

Éléments	Refus de la représentation supplémentaire	Acceptation de la représentation	Coût marginal	
			Global	Unitaire
Spectateurs	2 550	3 050	500	1
Chiffre d'affaires	63 750,00			
Charges variables	27 300,00	32 800,00		
Charges fixes directes	34 550,00			
Marge sur coût spécifique	1 900,00			
Charges fixes communes	5 000			
Résultat	- 3 100,00			

VERS LE GRAND ORAL

L'épreuve du Grand oral vise à utiliser vos connaissances, principalement celles liées à vos spécialités, pour créer une argumentation et montrer en quoi elles sont essentielles pour votre projet de poursuite d'études, et même votre projet professionnel.

Apprendre à s'exprimer, argumenter et écouter, sont des compétences qui sont indispensables dans la vie professionnelle et personnelle.

1 » Préparation préalable

Avant l'épreuve

Les compétences orales du candidat vont être travaillées tout au long de sa scolarité et d'une manière plus poussée encore au dernier trimestre de la classe de terminale dans le cadre des cours d'enseignement de spécialité. Le candidat prépare deux questions avec ses professeurs et éventuellement avec d'autres élèves, qui portent sur la spécialité pour lequel le programme prévoit la réalisation d'une étude approfondie.

Le jour de l'examen

Le jury choisit une de ces deux questions. Le candidat a ensuite 20 minutes de préparation pour mettre en ordre ses idées et créer s'il le souhaite un support (qui ne sera pas évalué) à donner au jury.

2 » Déroulement de l'épreuve

Premier temps : présentation d'une question (5 minutes)

Lors de cette étape, vous devez expliquer pourquoi vous avez choisi de préparer cette question, puis vous développez votre argumentation afin d'y répondre.

Deuxième temps : échange avec le candidat (10 minutes)

Le jury échange avec le candidat et évalue ses qualités d'écoute, ses connaissances et ses compétences argumentatives. Le jury peut interroger le candidat sur tout ou partie du programme du cycle terminal (années de première et de terminale) portant sur les enseignements de spécialité.

Troisième temps : échange sur le projet d'orientation du candidat (5 minutes)

Le candidat montre que la question traitée a participé à la maturation de son projet de poursuite d'études, et même à son projet professionnel. Il expose les différentes étapes de la maturation de son projet (rencontres, engagements, stages, mobilité internationale, intérêt pour les enseignements communs, choix de ses spécialités, etc.) et la manière dont il souhaite le mener après le baccalauréat.

3 » Les 5 critères d'évaluation

La qualité orale de l'épreuve : vous serez évalué sur le débit et la qualité de la voix, l'utilisation d'un vocabulaire riche et adapté, la capacité à susciter l'intérêt.

La qualité de la prise de parole en continu : le discours doit être fluide, articulé et bien construit.

La qualité des connaissances : il s'agit de démontrer que vous êtes capable de mobiliser les connaissances à bon escient lors de vos réponses aux questions du jury.

La qualité de l'interaction : il faudra montrer que vous êtes capable d'interagir de façon pertinente (réponses, prise d'initiative, capacité à rebondir) lors de l'entretien avec le jury.

La qualité et la construction de l'argumentation : il s'agit de démontrer que vous êtes capable de conduire et d'exprimer une argumentation personnelle, bien construite et raisonnée.

Jury : deux professeurs extérieurs au lycée :
- **un enseignant de l'enseignement spécifique du candidat ;**
- **un enseignant de Droit – Économie, ou un professeur d'enseignements communs, ou un professeur-documentaliste.**

PREMIÈRE PARTIE

La présentation au jury de l'étude approfondie

CONTEXTE

Une élève de terminale ayant choisi l'enseignement spécifique de Gestion et Finance est accueillie par le jury le jour de son épreuve du Grand oral.
Cet extrait vidéo décrit son entrée dans la salle d'examen et le premier temps de cette épreuve : la présentation de son étude approfondie.

Travail sur poste informatique

LE GRAND ORAL

https://qrcode.link/a/vSLfZv

Après avoir visionné la vidéo, vous répondrez aux questions 1 à 4.

1. Analyser la prestation de l'élève en remplissant le tableau ci-dessous.

Situations	Points positifs	Points à travailler
Son entrée dans la salle d'examen		
Sa communication non verbale (posture, apparence...)		
Sa voix (ton, volume, débit...)		
Son argumentation		
Sa prestation en général		

2. Imaginer d'autres erreurs à ne pas commettre le jour de l'épreuve du Grand oral.

3. Réfléchir aux questions que pourrait poser l'enseignant après cette prestation de l'élève.

4. Élaborer en groupe, sur poste informatique, une fiche de conseil destinée à préparer l'épreuve du Grand oral.

DEUXIÈME PARTIE — Mon projet de poursuite d'études

Lors du dernier temps de votre Grand oral, vous échangez avec le jury afin d'expliquer en quoi la question traitée lors de votre oral est utile pour votre projet de poursuite d'études, ainsi que pour votre projet professionnel.

Afin d'être capable d'interagir de manière construite et argumentée, vous devez, dès le début de l'année, vous poser les bonnes questions.

Quelles rencontres m'ont permis de progresser dans ma réflexion ?

Afin de travailler votre projet d'orientation vous pouvez participer aux Journées Portes Ouvertes de plusieurs établissements du supérieur (le lycée de votre futur BTS, l'IUT proposant le parcours souhaité, etc.), visiter un salon de l'étudiant, ou rencontrer dans votre lycée des enseignants ou d'anciens élèves venus vous présenter leurs filières.

Pour chaque échange avec un professionnel, un étudiant, un enseignant du supérieur ou un conseiller d'orientation-psychologue (COPsy), vous devez prendre en note les éléments qui vous permettront d'être pertinent le jour du Grand oral de terminale.

MA PRISE DE NOTES

❒ Professionnel ❒ Étudiant ❒ Enseignant du supérieur ❒ COPsy ❒ Autres : ....

Date et lieu de la rencontre : ....

Durée de l'échange : ....

Mes découvertes lors de l'interaction :

....

....

....

....

Les points positifs abordés et les points négatifs, ou les doutes qui sont apparus :

Positifs	Négatifs

Mon bilan de cette rencontre (où j'en suis aujourd'hui ?) :

....

....

....

....

Mon projet est-il lié à mon environnement (ma famille, mon association, mes amis...), à un stage réalisé, une visite d'organisation, une expérience à l'international ?

Pourquoi ai-je choisi ce baccalauréat technologique et cet enseignement spécifique ?

Quelle formation, ou parcours, j'aimerais suivre après le baccalauréat ? Comment y parvenir ?

APPLICATION 1. Préparer un questionnaire pour mon orientation

Mon métier idéal ou mon projet de poursuite d'études : ....

....

À l'aide du logiciel conseillé par votre enseignant, **préparer une enquête destinée à interroger un étudiant ou une personne qui travaille dans le secteur auquel vous vous destinez.**

Vous devez **interroger la personne sélectionnée** en vous assurant, par vos questions, de certains points :

- quel est son statut (poste) ?
- depuis quand travaille-t-elle dans ce secteur ?

L'objectif est de vous assurer d'obtenir des informations fiables et pertinentes.

Vous poserez toutes les questions que vous jugerez utiles pour avancer dans votre projet.

» **Pistes de réflexion :** nature, durée et lieu des études ; raisons de ce choix ; compétences ou qualités attendues ; avantages/inconvénients...

APPLICATION 2. Réaliser une synthèse visuelle de mes recherches

À partir de sites fiables traitant de l'orientation, chercher les caractéristiques principales d'une formation que vous pourriez potentiellement suivre après le baccalauréat.

- http://www.onisep.fr
- https://www.orientation-pour-tous.fr
- https://www.cidj.com
- https://www.letudiant.fr

À l'aide du logiciel conseillé par votre enseignant, **produire une affiche pour présenter cette formation à vos camarades.**

APPLICATION 3. Présenter mon projet de poursuites d'études

Par groupe de trois et après un temps de préparation, **se placer à tour de rôle dans une situation de candidat face à deux membres de jury.**

- Durant 2/3 minutes, le candidat devra **exposer son souhait de poursuites d'études**, voire son projet professionnel.
- Durant les 5 minutes suivantes, **les membres du jury vont poser les questions qu'ils ont préparées** afin de tester la capacité du candidat à interagir et construire une argumentation.

Fiche méthode 1

Les bases du tableur

1 » Qu'est-ce qu'un tableur ?

Un tableur est un logiciel qui permet d'organiser et d'exploiter des données rassemblées dans des tableaux afin d'analyser et faire ressortir rapidement des informations. L'intérêt du tableur est d'**automatiser** les calculs et de présenter ses résultats dans des graphiques.

2 » Le format de cellule

On peut modifier le format des cellules pour afficher les données comme on le souhaite, par exemple sous forme de nombre (avec plus ou moins de décimal), de pourcentage, monétaire ou comptable.

En général, vous pouvez modifier le format dans le **menu contextuel** (clic droit avec la souris dans la ou les cellules), puis aller dans **format de cellules** (ou formater les cellules), onglet **« Nombre »**.

	A	B
1	**Format**	
2	100	Standard
3	100,00	Nombre
4	100,00 €	Monétaire
5	100,00 €	Comptabilité
6	10000%	Pourcentage

3 » Les fonctions de base

Toutes les fonctions se décomposent de la manière suivante :

=NOM DE LA FONCTION (paramètres de la fonction)

	A	B	C
1	**Ventes annuelles**		
2	**Vendeurs**	**Chiffres d'affaires**	**Formule**
3	Rachelle	324 000 €	
4	Sylvain	384 000 €	
5	Morgane	117 000 €	
6	Romain	425 000 €	
7	Total CA	1 250 000 €	=SOMME(B3:B6)
8	CA moyen	312 500 €	=MOYENNE(B3:B6)
9	CA le plus haut	425 000 €	=MAX(B3:B6)
10	CA le plus bas	117 000 €	=MIN(B3:B6)

La **fonction SOMME**, par exemple, permet d'additionner les nombres d'une plage. D'autres fonctions comme MOYENNE, MAX, MIN... ont exactement le même mécanisme.

Dans cet exemple, en B7, une somme est réalisée pour additionner les chiffres d'affaires des quatre vendeurs.

La cellule B7 indique =SOMME(B3:B6)

Ainsi, le tableur réalise la somme de la cellule B3 à la cellule B6.

En B8 et B9, le système est le même pour réaliser la moyenne des chiffres d'affaires et pour souligner le montant de chiffre d'affaires le plus important.

Certaines fonctions vont avoir des paramètres plus élaborés, comme la **fonction SI**.

=SI(condition; valeur_si_vrai; valeur_si_faux)

Dans cet exemple, la cellule D3 indique =SI(C3>B3;«Non»;«Oui»)

Ainsi, si ventes réelles sont supérieures aux prévisions, alors pas d'alerte, sinon une alerte.

Les expressions « Non » et « Oui » sont entre guillemets, pour indiquer au tableur que l'on rentre du texte. Il ne faut pas de guillemets avec des chiffres.

	A	B	C	D
1	**Objectifs de ventes (juin)**			
2	**Vendeurs**	**Prévisions**	**Réalisés**	**Alerte**
3	Rachelle	27 000	25 000	Oui
4	Sylvain	32 000	31 000	Oui
5	Morgane	9 000	8 000	Oui
6	Romain	34 000	38 000	Non

Fiche méthode 2

L'utilisation des verbes d'action

1 » Qu'est-ce qu'un verbe directeur ou verbe d'action ?

Les questions de ce manuel, comme celles des écrits d'examen ou de plusieurs concours sont introduites par un verbe d'action qui fixe un objectif et oriente la lecture de la question pour vous aider à répondre. Déchiffrer les verbes utilisés dans les consignes va vous permettre d'éviter les réponses hors sujets.

2 » Classification des verbes d'action par ordre alphabétique

Verbe	Explication
Analyser	Décrire les éléments principaux d'une situation, d'un phénomène, et l'expliquer.
Apprécier	Juger de la valeur d'une organisation, d'une chose.
Calculer	Effectuer des opérations à partir de données.
Classer	Ranger, ordonner des choses, des informations, des organisations.
Caractériser	Définir avec précision quelque chose ou quelqu'un.
Comparer	Mettre en évidence les rapports de ressemblance et de différence entre deux ou plusieurs éléments.
Compléter	Finir quelque chose qui a été commencé, ou qui n'est pas complet.
Conclure	Amener à sa fin ; prononcer une conclusion.
Définir	Donner le sens d'un mot ou d'une expression ; déterminer ses limites précises.
Dégager	Sortir un élément d'un texte, d'un contexte.
Déterminer	Indiquer, délimiter avec précision.
Distinguer	Mettre en parallèle deux ou plusieurs faits, mécanismes, afin d'en isoler les différences.
Effectuer	Cela veut dire : « faire ».
Enregistrer	Réaliser l'écriture comptable.
Énumérer	Énoncer un à un les éléments d'une série.
Évaluer	Fixer la valeur, le prix d'une chose, d'une organisation.
Expliquer	Faire comprendre, éclairer le sens, en développant.
Identifier	Reconnaître une chose, une organisation... ; ou la catégorie à laquelle appartient une chose, une organisation...
Indiquer	Faire voir de façon précise.
Inscrire	Écrire, noter sur un document une donnée, une valeur.
Justifier	Utiliser des arguments pour montrer qu'un résultat ou une idée est juste ou vrai(e).
Montrer	Mettre en évidence, faire voir en utilisant la description principalement.
Préciser	Présenter de façon plus nette, plus claire.
Présenter	Exprimer, faire l'exposé de quelque chose ; faire connaître une organisation, une personne, une chose.
Qualifier	Caractériser par un mot, une expression.
Rappeler	Définir l'idée, la notion, le concept.
Rechercher	Tâcher de retrouver quelque chose dans un texte, un tableau.
Relever	Remarquer quelque chose, le mettre en évidence, le signaler à l'attention.
Relier	Mettre ensemble plusieurs choses.
Repérer	Rechercher une information dans un document, un contexte.
Reporter	Inscrire, transcrire quelque chose quelque part.
Surligner	Recouvrir un mot, une phrase à l'aide d'un surligneur.
Terminer	Finir une action, un tableau, un enregistrement.

Fiche méthode 3

Comprendre le plan comptable général

La comptabilité d'une entreprise est présentée en différents comptes. Principalement des comptes de bilan et des comptes de gestion.

1 » Comprendre le fonctionnement des comptes du PCG

Le bilan comptable et les comptes de bilan

BILAN	
ACTIF	**PASSIF**
Classe 2	Classe 1
Classe 3	Classe 4
Classe 4	Classe 5
Classe 5	

Le bilan d'une entreprise est la photographie de son **patrimoine** à une date donnée. L'actif du bilan représente l'ensemble de ce qu'elle possède, le passif comprend toutes ses dettes. Les totaux de l'actif et du passif sont toujours à l'équilibre puisque pour posséder un bien à l'actif, il faut un financement au passif.

Le compte de résultat et les comptes de gestion

COMPTE DE RÉSULTAT	
CHARGES	**PRODUITS**
Classe 6	Classe 7

Le compte de résultat retrace les différents flux de **produits (enrichissement)** et de **charges (appauvrissement)** de l'année comptable écoulée. Il explique comment s'est formé le résultat annuel de l'entreprise (bénéfice ou perte).

2 » Le plan comptable général simplifié (extraits)

Classe 1	**Comptes de capitaux**
101	**Capital**
106	**Réserves**
1061	Réserve légale
1063	Réserve statutaire
1068	Autres réserves
110	**Report à nouveau (solde créditeur)**
119	**Report à nouveau (solde débiteur)**
120	**Résultat de l'exercice (bénéfice)**
129	**Résultat de l'exercice (perte)**
164	**Emprunts auprès des établissements de crédit**

Classe 2	**Comptes d'immobilisations**
211	**Terrains**
213	**Constructions**
215	**Installations techniques, matériels et outillage industriels**
218	**Autres immobilisations corporelles**
2182	Matériel de transport
2183	Matériel de bureau et matériel informatique
2184	Mobilier
281	**Amortissements des immobilisations corporelles**
2813	Amortissements des constructions
2815	Amortissements des installations techniques, matériels et outillages industriels
28182	Amortissements du mat. de transport
28183	Amortissements du matériel de bureau et matériel informatique
28184	Amortissements du mobilier
291	**Dépréciations des immobilisations corporelles**
2911	Dépréciation des terrains

Classe 3	Comptes de stocks et d'en-cours
31	**Matières premières et fournitures (stocks)**
355	**Produits finis (stocks)**
37	**Marchandises (stocks)**
39	**Dépréciations des stocks et en-cours**
391	Dépréciations des matières premières et fournitures
395	Dépréciations des stocks de produits
397	Dépréciations des stocks de marchandises

Classe 4	Comptes de tiers
401	**Fournisseurs**
404	**Fournisseurs d'immobilisations**
411	**Clients**
445	**État - Taxes sur le chiffre d'affaires**
44551	TVA à décaisser
44562	TVA sur immobilisations
44566	TVA sur autres biens et services
44567	Crédit de TVA à reporter
44571	TVA collectée
457	**Associés dividendes à payer**
49	**Dépréciations des comptes de tiers**
491	Dépréciations des comptes de clients

Classe 5	Comptes financiers
512	**Banques**
530	**Caisse**

Classe 6	Comptes de charges
601	**Achats de matières premières**
602	**Autres approvisionnements**
603	**Variations des stocks**
6031	Variations des stocks de matières premières
6037	Variations des stocks de marchandises
604	**Achats d'études et prestations de services**
606	**Achats non stockés de matière et fournitures**
6061	Fournitures non stockables (eau, énergie...)
6063	Fournitures d'entretien et de petit équipement
6064	Fournitures administratives
607	**Achats de marchandises**
613	**Locations**
624	**Transports de biens et transports collectifs du personnel**
626	**Frais postaux et de télécommunications**
631	**Impôts, taxes et versements assimilés sur rémunérations**
675	**Valeurs comptables des éléments d'actif cédés**
681	**Dotations aux amortissements, aux dépréciations et aux provisions**

Classe 7	Comptes de produits
701	**Ventes de produits finis**
704	**Travaux**
706	**Prestations de services**
707	**Ventes de marchandises**
708	**Produits des activités annexes**
7085	Ports et frais accessoires facturés
713	**Variation des stocks (en-cours de production, produits)**
7135	Variation des stocks de produits
775	**Produits des cessions d'éléments d'actif**
781	**Reprises sur amortissements, dépréciations et provisions**

Le Bilan meurtrier

Présentation du concept de serious game

Le Bilan meurtrier est un serious game (ou jeux sérieux). C'est un « jeu vidéo de simulation » avec une composante pédagogique. Cette application divertissante a été développée à partir des mêmes approches et codes que ceux des jeux vidéo, mais ses finalités sont la compréhension des concepts de la gestion finance et l'amélioration des compétences des élèves. Ce jeu sérieux vise donc à réviser les notions de nombreux chapitres du programme spécifique pour préparer idéalement à l'examen.

https://qrcode.link/a/y5m6SK

Fonctionnement

Vous jouez seul (ou à deux) sur votre ordinateur, tablette, smartphone, avec le mot de passe fourni par votre enseignant.

Contexte

Vous êtes un policier de la brigade criminelle infiltré comme stagiaire dans un cabinet comptable pour résoudre l'homicide d'un des collaborateurs. L'enquête a permis de suspecter plusieurs clients du cabinet. Vous devrez vous rendre chez chacun des clients pour terminer les travaux comptables commencés par la victime pour retrouver le tueur.

Outils nécessaires

- Le manuel d'enseignement spécifique de gestion finance FontainePicard.
- Une calculatrice.

Ma prise de notes :

Noter les éléments importants de l'enquête

» MISSION 1 : SARL SELFRESNEL (M. CHAPUIS)

Résultat de l'entreprise :
Montant de l'emprunt :
Diminutions des immobilisations dans l'annexe :

Indice N° 1 :

» MISSION 2 : EURL TIF'ANNIE (Mme HIKS)

Mode de financement à privilégier :
Charge la plus importante :
Poste alarmant du bilan :

Indice N° 2 :

» MISSION 3 : SAS LA BRIOCHE NORMANDE (M. FONTAINE)

Bilan fonctionnel au 31/12/N

ACTIF	N	PASSIF	N
EMPLOIS STABLES		**RESSOURCES STABLES**	
Immobilisations incorporelles	7 500,00	Capitaux propres	66 200,00
Immobilisations corporelles	56 700,00	Amort, dépréciat. et provisions	5 200,00
Immobilisations financières	1 200,00	Dettes financières stables	4 200,00
TOTAL 1	**65 400,00**	**TOTAL 1**	**75 600,00**
ACTIF CIRCULANT		**PASSIF CIRCULANT**	
Stock	6 300,00	Dettes fournisseurs	13 600,00
Créances clients	17 500,00	Autres dettes	1 300,00
TOTAL 2	**23 800,00**	**TOTAL 2**	**14 900,00**
TRÉSORERIE ACTIVE	**1 300,00**	**TRÉSORERIE PASSIVE**	**0,00**
TOTAL GÉNÉRAL	**90 500,00**	**TOTAL GÉNÉRAL**	**90 500,00**

FRNG :
Formule de la trésorerie :
Taux de rentabilité :
BFR :

Indice N° 3 :

Grille d'enquête

M. Chapuis	Mme Hiks	M. Fontaine	Mme Tabart

Crédits photographiques :
Couverture : © Stockbym_shutterstock_1485872414
p. 5 © NDAB_Creativity_shutterstock_602578049; p. 6 © fizkes_shutterstock_1863565261; p. 7 © TMvectorart_shutterstock_1895923546; p. 10 © paitoon_shutterstock_1465345073; p. 12 © Cienpies_Design_shutterstock_116666368; p. 13 © Jemastock_shutterstock_531296050; p. 15 © Jag_cz_shutterstock_674598577; p. 16 © bluezace_shutterstock_1740201740; p. 17, 20 © SKatzenberger_shutterstock_1475669711; p. 18 © wrangler_shutterstock_739508728; p. 19 © Leone_V_shutterstock_323735651; p. 21 © JUNESAMA_shutterstock_1026898153; p. 27 © Fer Gregory_shutterstock_257017468; p. 28 © blissblue_11_shutterstock_1943727379; p. 31 © Microgen_shutterstock_419667322; p. 35 © wutzkohphoto_shutterstock_675650227; p. 38 © Spic_shutterstock_705658840; p. 40 © Piyanut_Sirikate_shutterstock_1318883129; p. 41 © 1000_Words_shutterstock_237424663; p. 44 © James_R_Poston_shutterstock_1017912505; p. 45 © John1179_shutterstock_197239598; p. 46 © zentilia _shutterstock_83880529; p. 47 © pozitivo_shutterstock_1544982689; p. 49 © A_stockphoto_shutterstock_1105508111; p. 52 cybrain_shutterstock_625771727; p. 53 © Sergey_Ryzhov_shutterstock_1249639390; p. 54 © Jacob Lund_shutterstock_371016464; p. 57 © arbuz_shutterstock_323935205; p. 56 © Lisa-S_shutterstock_94246081; p. 59 © TRMK_shutterstock_1222008373; p. 60 © Iakov_Filimonov_shutterstock_1146267638; p. 64 © dotshock_shutterstock_75171214; p. 66 © Andrey_Popov_shutterstock_1395158795; p. 67a © sylv1rob1_shutterstock_1964675824; p. 67b © FreeProd33_shutterstock_464116826; p. 68 © Nejron_Photo_shutterstock_417285856; p. 69 © Steinar_shutterstock_233840056; p. 70 © mdbildes_shutterstock_1277787892; p. 74 © Focus_and_Blur_shutterstock_1503901664; p. 77 © Africa_Studio_shutterstock_272357222; p. 78 © Chekunov_Aleksandr_shutterstock_426857929; p. 79 © Oksana.Bondar_shutterstock_1110152057; p. 80a © AnnaElizabeth_photography_shutterstock_436540846; p. 80b © bogdandimages_shutterstock_206395576; p. 81 © John1179_shutterstock_197239598; p. 82 © fizkes_shutterstock_1443630488; p. 86 © Andrey_Popov_shutterstock_555972346; p. 88 © Alexander_Ishchenko_shutterstock_1815922061; p. 89 © NeydtStock_shutterstock_1122857888; p. 90 © Tatiana_Popova_shutterstock_750040327; p. 91 © seroma72_shutterstock_1216228576; p. 92 © Serhii_Bobyk_shutterstock_1136228543; p. 93 © Nizwa Design_shutterstock_679527379; p. 94 © Andrey_Popovw_shutterstock_363111842; p. 96 © Drazen Zigic_shutterstock_1552110047; p. 97 © Monkey Business Images_shutterstock_1111121912; p. 99 © Edward R_shutterstock_1199511034; p. 101 © Piyapong_Wongkam_shutterstock_535661347; p. 104 © shutterstock_artacet-bleu/vert-1086759464; p. 105 © ZoranOrcik_shutterstock_285300212; p. 107 © NeydtStock_shutterstock_1020342847; p. 108 © Dan_Kosmayer_shutterstock_544582627; p. 109 © Suprun_Vitaly_shutterstock_1232437891; p. 110 © saragraphika_shutterstock_1075495427; p. 111 © VasiliyBudarin-shutterstock_1253661550; p. 112 © DuxX-shutterstock_720659980; p. 115 © Charlie's-shutterstock_1271367658; p. 120 © Rashevskyi_Viacheslav_shutterstock_190644056; p. 122 © VGstockstudio_shutterstock_221639353; p. 125 © McCarony_shutterstock_1192784812; p. 126 © Maxx-Studio_shutterstock_366899375; p. 127 © Rawpixel.com_shutterstock_390084256; p. 129 © Jirapong_Manustrong_shutterstock_2042209907 p. 130 © OPOLJA_shutterstock_525175849; p. 132 © Vintage_Tone_shutterstock_1075981328; p. 134 © ventdusud_shutterstock_146576747; p. 135 © Puput_shutterstock_1078577330; p. 136 © Ovnigraphic_shutterstock_1403139962; p. 137 © Yoska_shutterstock_554355637; p. 138 © XArtProduction_shutterstock_1618499749; p. 139 © zhu_difeng_shutterstock_165181559; p. 141 © Khakimullin_Aleksandr_shutterstock_561885289; p. 143 BalkansCat_shutterstock_1467928241; p. 144 © Lemonsoup14_shutterstock_1887349105; p. 146 © Worawee_Meepian_shutterstock_718399159; p. 147 © Africa_Studio_shutterstock_700824790; p. 149 © 279photo_Studio_shutterstock_391216495; p. 150 © panuwat_phimpha_shutterstock_1891067224; p. 151 © Juice_Flair_shutterstock_1869278818; p. 152 © Retan_shutterstock_1837702429; p. 155 © Rizvisual_shutterstock_548871181; p. 157 © BearFotos_shutterstock_1807547443; p. 169 © Syda_Productions_shutterstock_1044345694; p. 170 © Kozlik_shutterstock_571589788; p. 172 © lapandr_shutterstock_1229584252; p. 173 © Billion_shutterstock_374829643; p. 176 © Syda_Productions_shutterstock_248475451; p. 178 © pathdoc_shutterstock_542172544; p. 179 © create jobs 51_shutterstock_489958762; p. 181 © Fer_Gregory_shutterstock_7373286462.

Les contextes s'appuient sur des situations réelles d'organisation mais dont les données ont été simplifiées et adaptées pour les besoins de l'exercice. De ce fait et pour des raisons de confidentialité, les données chiffrées et les éléments de la politique des organisations ont pu être modifiés.

Les auteurs apportent un soin particulier dans la recherche de sites internet conseillés dans les ouvrages ou les ressources enseignants. Toutefois, l'éditeur tient à préciser qu'il ne peut être tenu responsable des sites tiers visibles et consultables sur les pages proposées dans cet ouvrage scolaire. Le contenu de ces sites n'engage pas la responsabilité de l'éditeur, FontainePicard n'exerçant aucun contrôle quant au contenu des sites tiers.

Maquettes (intérieure et de couverture) : FontainePicard
Mise en page : FontainePicard

Achevé d'imprimer sur les presses de l'imprimerie SEPEC Numérique

Imprimé en France

Dépôt légal : 1er trimestre 2022

PEFC 10-31-3532 / Certifié PEFC / Ce produit est issu de forêts gérées durablement et de sources contrôlées. / pefc-france.org